科思论丛

本书由中国人力资源和社会保障科学研究院资助出版

中国工资宏观分析

MACRO ANALYSIS OF CHINESE WAGES

狄 煌 著

社会科学文献出版社
SOCIAL SCIENCES ACADEMIC PRESS (CHINA)

图书在版编目（CIP）数据

中国工资宏观分析 / 狄煌著. —— 北京：社会科学
文献出版社，2018.3
（科思论丛）
ISBN 978 - 7 - 5201 - 2191 - 0

Ⅰ.①中…　Ⅱ.①狄…　Ⅲ.①工资制度 - 研究 - 中国
Ⅳ.①F249.24

中国版本图书馆 CIP 数据核字（2018）第 016559 号

科思论丛
中国工资宏观分析

著　　者 / 狄　煌

出 版 人 / 谢寿光
项目统筹 / 刘　荣
责任编辑 / 刘　荣　孙智敏

出　　版 / 社会科学文献出版社·独立编辑工作室（010）59367011
　　　　　　地址：北京市北三环中路甲 29 号院华龙大厦　邮编：100029
　　　　　　网址：www. ssap. com. cn
发　　行 / 市场营销中心（010）59367081　59367018
印　　装 / 三河市尚艺印装有限公司

规　　格 / 开　本：787mm × 1092mm　1/16
　　　　　　印　张：15　字　数：194 千字
版　　次 / 2018 年 3 月第 1 版　2018 年 3 月第 1 次印刷
书　　号 / ISBN 978 - 7 - 5201 - 2191 - 0
定　　价 / 79.00 元

本书如有印装质量问题，请与读者服务中心（010 - 59367028）联系

前　言

　　工资分配是收入分配的一个重要领域，是城乡居民收入分配中的主体部分，一方面是改善城乡居民生活的基础条件，另一方面与保持国民经济稳定运行紧密相关。随着工资分配的市场化决定机制作用逐步加强，从宏观上观察工资分配运行的整体状况，给予适当的调节与引导成为政府部门应当承担的职责。在宏观层面加强对我国工资分配的系统性分析，有利于把握全局，顺应趋势，针对存在的矛盾和问题，改进完善现行体制机制。

　　工资分配宏观分析是国民经济宏观分析在收入分配领域的延伸部分。宏观经济分析在宏观经济学理论引导下，重点关注国民经济的总体规模和总体水平、经济增长状态和增长方式、经济结构的调整与优化、宏观政策运用及效果等，并且从经济增长、就业充分、结构优化、物价稳定、供求和收支平衡等方面加以衡量和评估。显然，宏观经济分析有其重点关注的领域，有评估分析的指标体系和较为成熟的经验方法，不仅具有系统性，而且已经形成了一定范式。但在宏观层面，对工资收入分配的整体性分析还远远没有达到这样的程度。目前，工资收入分配宏观分析的对象缺少系统性，专家学者们习惯于针对某个具体问题展开研究论证，而对于这些具体问题相互之间的关联性以及与宏观经济问题的相互关联性的研究分析还是偏少；工资收入分配宏观分析的指标和方法贫乏且陈旧，衡量宏观经济运行的指标和方法很多，可用于工资收入分析的指标和工具却很少，难以形成一个完整的指标体系，在分析方法上也难以突破传统套路，不利于评估现状、剖析问题、把握趋势、提出合理有效的解决方案。最让人困惑和遗憾的是，现在可用于分析工资收入分配问题的基础数据不仅欠缺，而且适用性较差。比如，权威部门统计发布的工资总额和工资水平数据尚不能覆盖全国各类工薪就业者群体，使用这样的数据分析出来的结果很可能出现偏差，进而导致人们的认识出现偏差，据此制定的规划和政策也可能出现偏差。

我国工资分配宏观分析的对象是与宏观经济运行相关联的重要问题，同时也是社会公众普遍关注的热点问题。当然，工资分配与宏观经济的关注点会有所不同。在宏观经济领域，人们的注意力往往集中于 GDP 总量及其增长状况；而在工资分配方面，人们的注意力则集中于工资水平及其差距状况。因此，工资分配宏观分析的对象必然包括那些社会公众关注的热点、难点问题，观察分析的指标应当有系统性安排。工资分配宏观分析对象应当包括工资水平、工资增长、工资差距、工资总量、工资结构、工资及附加人工成本等，从而让人们能够观察到我国在一定时期内工资分配运行的整体面貌。在工资分配宏观分析中，我们不仅要分析工薪就业者的整体工资水平及其增长情况，交叉分析行业、地区和社会群体工资水平及其增长情况，还要将其与劳动生产率的分析结合起来，研究判断工资水平及其增长的合理性与适度性；我们不仅要观察分析工资总量的变动情况，还要将其与国民经济总量的分析结合起来，研究判断工资分配在新创造价值分配中的整体分配格局与结构变化，以及就业者分享新创造价值的合理性与适度性；我们不仅要分析经济运行中的工资投入总量及水平变化，还要将其与附加人工成本结合起来，研究判断工资及其附加人工成本在国民经济各行业中的投入产出效果，以及就业者劳动报酬分享效果。工资分配运行如何，既会受到市场机制的制约和影响，也会受到工资调控政策的制约和影响，所以工资宏观分析有必要对工资调控体制机制进行分析。为了更好地进行工资宏观分析，我们有必要探索建立一些便于观察分析且具有较好解释力的指数或系数，丰富现有分析工具和分析方法。

我长期在政府研究机构工作，主要研究对象是工资收入分配的宏观问题。近几年，我习惯于选择几个宏观层面的小问题，尝试从新的角度或使用新的方式进行研究分析，因此在工资宏观问题分析方面有了一些新的认识和体会，也产生了撰写本书的想法。我希望通过本书，向社会公众介绍我国工资收入分配的情况和问题以及解决问题的思路和建议，与专家学者分享研究工资宏观问题的经验和体会。特别是近 10 年来，我在研究工作中总有一个挥之不去的困惑，就是我国的工资水平及工资总额的统计数据还是 1 亿多城镇单位就业者的工资数据，然而全部工薪就业者的工资总额并不只是统计年鉴上的那部分，其绝不是占 GDP 10% 左右的那个比例，工资水平也不会与以前用来做分析的城镇单位在岗职工的工资水平等同，各地区的最低工资标准实际上并不是仅相当于当地社会平均工资 30% 左右。从过去研究工作走过的弯路中，我深刻感受到了用来做研究分析的基础数据的重要性。因此，我在本书里特意将城乡工薪就业者工资水平估算放在开始的位置，并在以下章节的分析中也尽可能使用包括各类工薪就业者的全口径数据。不论使用的方法是否合适，我只是希望更加客观地分析情况和剖析问题，以得到更加接近实际的研究结果。衷心希望通过本书能够得到读者的批评和指正。

狄煌

2017 年 9 月于北京

目　录

第一章　城乡就业者工资水平

工资是劳动者的劳动报酬和生活支柱，是经济学理论中的要素收入，是人力资源市场的价格信号，是企业负担的人工成本支出项目，是国家经济社会发展水平的一个重要标尺，是政府制定宏观经济政策的重要依据。因此，工资水平特别引人关注。

在我国人力资源和社会保障工作领域，就业者的工资水平是政府部门制定最低工资标准和工资指导线，调节各地区、用人单位和就业群体工资差距等工资调控政策的重要依据；是制定社会保险缴费基数和待遇支付标准的重要依据；是衡量劳动者就业质量和劳动关系协调性的一个重要依据。在社会管理的其他领域，就业者的工资水平与社会救助和国家赔偿标准等政策措施也紧密衔接。

根据我国现行统计制度和统计方法，国家统计部门每年都要向社会统计发布城镇就业者的平均工资数据。但是，每当国家统计部门发布了这一重要数据之后，社会上的争议和置疑就会纷至沓来，很多人怀疑其真实性，表示难以接受这种现实情况，一些人更是纷纷"吐槽"自己的工资"被增长"了。在一般情况下，人们对于平均工资数据发发牢骚是很正常的。按照平均数原理，只要统计部门公布的是社会就业者工资所得的一个平均数值，社会上必然就有超过一半的就业者达不到这个平均数以上的工资水平。这是因为，平均数不是中位数，不可能显现全社会工资分配结果的正态分布状况。社会工资分配的现实常态就是，工资分配的结果总是呈现平均数高于中位数的偏正态分布状况。其实，我们目前面临的关键性问题并不是出在统计部门发布的是平均工资水平不是中位数工资水平，而是这个工资水平数据缺乏社会整体代表性，其已经不能如实反映我国工资分配的实际状况，与城乡就业者的工资实际水平存在较大的偏差。

一　城乡工薪就业者的范围和类别

长期以来，城镇单位就业人员平均工资的统计范围，或者是城镇单位在岗职工平均工资的统计范围，都只涉及国有单位，城镇集体单位，联营经济、股份制经济、外商投资经济、港澳台投资经济单位的就业人员，或者是这类就业者内部的在岗职工。这个统计范围并没有包括城乡私营企业中的就业者、城乡个体工商户中的就业者、乡镇（村）私营企业以外其他类型企业中的就业者，以及城乡范围内主要依靠挣取工资收入维系生活的灵活就业者。随着我国多种所有制经济的持续发展，这些就业者人数越来越多，所占比例也越来越大，其早已成为我国城乡工薪就业者群体中不应忽略的成员。以 2008 年为例，城镇单位就业人员只占全部城镇工薪就业者总数的58.3%，城乡工薪就业者总数的33.5%。① 因此，城镇单位就业人员或城镇单位在岗职工的工资水平都不可能代表整个社会工薪就业者的工资水平。由于现在统计上被忽略的那些工薪就业者以低工资就业者居多，所以只将城镇单位就业人员或城镇单位在岗职工的平均工资视为社会平均工资，并以此制定人力资源和社会保障政策，以及社会其他方面的相关政策，就会高估就业者的整体工资水平，难免产生政策偏差，以致导向或措施不当，容易引发社会非议。

目前，我国工资水平统计确实存在社会覆盖范围狭小、统计数

---

① 参见本章对于城乡工薪就业者人数的估算结果。

据分散、统计方法存在较大差异等问题。最重要的是，至今仍缺少一个能够较真实地反映城乡就业者整体工资水平的数据。长期以来，国家统计部门注重统计城镇单位在岗职工（实际上这些劳动者也只是城镇用人单位所使用的全部劳动者中的一部分）的工资水平，但城镇其他类别就业者的工资水平和乡村就业者的工资水平数据存在缺漏，既没有单独的统计数据，也没有城镇及城乡就业者整体工资水平的统计数据。随着我国多种所有制经济的协同发展，以及出现的更为多样的用人主体和就业形态，工资水平统计与实际脱节问题日益突出，社会反响越来越大。10年前，国家统计部门认识到了此类问题的重要性，开始研究改进工资水平统计工作，先从增加对城镇私营单位就业者的工资水平统计入手，再考虑合并城镇非私营单位和私营单位就业者的平均工资。在征求了相关政府部门意见后，国家统计部门于2010年起对外统计发布了我国城镇私营单位就业者的平均工资数据。这种做法虽然填补了城镇私营单位就业者工资水平统计上的空白，但至今只是做到了对城镇单位就业者内部范围工资统计的局部调整，而且两类城镇单位就业者的工资水平数据至今尚未合并起来。因此，目前的工资水平统计范围既没有覆盖城镇内部的全部用人主体和工薪就业者，[①] 也没有把乡村本地的工薪就业者纳入统计范围内。所以，现在距离解决城乡就业者整体工资水平缺失问题还有很长的路要走。

2013年，《中国统计年鉴》中的城镇单位就业人员总数只有1.8亿人，加上城镇私营单位就业人员总数大约为2.6亿人，但是在全国城乡范围内每年挣取工资收入的就业者实际数量应当将近5亿人。[②] 随着我国城乡一体化进程逐步加快，按照传统方式统计的城镇单位就业人数增长有限，但城乡全部工薪就业者人数一直保持较快的增

---

① 城镇个体工商户就业人员至今仍然没有包括在城镇工资统计范围之内。

② 参见本章对于城乡工薪就业者人数的估算结果。由于相关数据中断，现只能估算到2013年。

长态势。如果我国工资水平统计范围仍然仅限于城镇非私营单位和私营单位中的就业人员，那么还是不能全面反映我国经济社会演变和工资分配变化的实际情况。逐步转移到城镇就业的农民工、进入乡镇（村）集体企业和私营企业就业的人员，以及城镇和乡镇（村）个体商户就业人员，他们主要依靠工资收入维持个人及其家庭成员的生活，而且现在他们已经成为我国城乡工薪就业者群体中的大多数，如果不将其纳入工资水平统计范围，就不可能观察到整个社会较为真实的工资水平，并以此作为政府和社会机构研究问题、编制规划和制定政策的可靠依据。

要想全面了解我国近期城镇以及城乡就业者的工资水平，目前采取根据现有相关数据给予估算的方式才有可能。由于至今国家统计部门各类统计资料中仍然缺少很多类别工薪就业者的就业人数和工资水平数据，因此很难直接估算，使用可替代数据估算出来的结果也只能是个近似值，不可能准确。从估算的方法上看，根据现有条件，我们选用加权平均方法还是比较可行的。因此，首先确定纳入估算范围的挣取工资收入的城乡就业者类别及其人员规模，是目前估算城乡工资水平的一个重要基础条件。根据人员数据和相对应工资水平数据来源的可靠性程度，在城乡各类单位或经济社会组织中正常从事工作并取得工资收入的就业者可以分为以下类别：第一类是国家统计部门一直纳入工资水平统计的城镇单位就业人员；第二类是国家统计部门后来纳入工资水平统计的城镇私营单位就业人员；第三类是政府有关行政部门曾在较长时期内进行过专门统计的乡镇企业①就业人员；第四类是国家统计部门只统计人数但没有统计劳动报酬的城镇个体工商户就业人员。由于乡镇企业就业人员中实

---

① 根据《中国乡镇企业及农产品加工业年鉴》，乡镇企业统计范围包括内资企业、港澳台商投资企业和外商投资企业。其中内资企业的统计范围包括集体企业、股份合作企业、联营企业、有限责任公司、股份有限公司、私营企业、个体工商户。

际上已经包括了乡镇（村）的私营企业就业人员、乡镇（村）的个体工商户就业人员，所以这里就不再把他们作为单独的就业人员类别纳入人数统计和工资水平估算范围，从而避免出现交叉重叠问题。

按照国家统计部门有关统计指标的说明，城镇单位就业人员是指在各级国家机关、政党机关、社会团体及企业、事业单位中工作，取得工资或其他形式劳动报酬的全部人员，是在岗职工、劳务派遣人员及其他就业人员之和，是在这些单位实际参加生产或工作的全部劳动者。其中不包括的人员有：第一，离开本单位仍保留劳动关系，并定期领取生活费的人员；第二，利用课余时间打工的学生及在本单位实习的各类在校学生；第三，本单位因劳务外包而使用的人员。从范围看，这里的城镇单位并不包括城镇私营单位。从概念上看，这类人员中确实应当将单位实际使用的编外人员、农民工和劳务派遣人员都包括在内。但从这一数据的存量大小及增量变动的实际情况看，实际统计结果未必将上述人员完全包括进来。

根据国家统计局《关于划分企业登记注册类型的规定》，城镇私营单位就业人员是指，在内资法人单位中由自然人投资设立或由自然人控股，以雇佣劳动为基础的营利性经济组织工作并取得劳动报酬的人员。这些私营单位包括按照《公司法》、《合伙企业法》、《私营企业暂行条例》规定登记注册的私营有限责任公司、私营股份有限公司、私营合伙企业和私营独资企业。按照这种解释和《中国统计年鉴》中的说明，城镇私营单位就业人员实际上就是在其经营地址设在县城关镇（含县城关镇）以上的内资私营企业中就业的人员，实际上没有包括企业之外其他私营单位的就业人员。这些城镇私营企业既吸纳了城镇当地就业者，也吸纳了相当一部分离乡外出的农民工，但其中外地农民工占多大比例目前并不清楚。

根据我国《乡镇企业法》规定，乡镇企业是指农村集体经济组织或者以农民投资为主，在乡镇（包括所辖村）举办的承担支援农业义务的各类企业。因此，乡镇企业就业人员是指在上述这类企业中从事工作并取得劳动报酬的员工。按照国家统计部门对就业人员的传统统计方式，乡镇企业就业人员在国家对全部就业人员的统计中与职工、私营企业和个体就业人员等在统计类型中都是分列的，不应当出现与上述几类就业人员重复统计的现象。但实际上，农业部门现在对乡镇企业就业人数的统计范围要大于严格意义上的乡镇企业就业人数，目前其统计数据不仅包括了乡镇（村）各类企业中的就业人员，而且还包括了个体工商户就业人员。

城镇个体工商户就业人员是指在城镇注册的个体工商户中的就业人员。实际上，由于各种原因，有一部分在城镇注册的个体工商户实际上就是小规模或不成规模的私营企业，但现有城镇私营企业的就业人数统计中肯定不包括这类人员，因此将他们放在这个类别当中比较合适。

二 城乡就业者工资水平估算结果

城乡就业者的总体工资水平，是政策制定者、专业研究者和社会人士普遍关注的问题。为此，笔者在近 10 年间收集和加工了各类相关统计资料，多次尝试用加权平均方法，对我国城镇和城乡就业者的工资水平进行估算，并考察了近一时期的工资增长情况。由于有关就业人数和工资水平方面的数据残缺不全、较为零乱，需要多方查找和印证，年度资料出现中断或统计口径上的变化，各种数据使用的统计方法不尽相同，统计范围可能存在相互交织，因此笔者在工资水平估算方面走过不少弯路，只能回过头来再加以调整和修正。但无论如何，笔者希望摸清我国城镇及城乡就业者工资水平总体情况的初心一直没有改变，将自己力所能及的估算结果展示出来并与大家分享的愿望也没有改变。

（一）我国 2008 年城镇就业者整体工资水平的估算

在城镇各单位及经济组织中正常从事工作的就业者不仅有传统意义上的单位在岗职工，还包括那些在私营企业、个体工商户中工作的就业者。表 1－1 是根据 2008 年城镇各类就业者的数量及工资水平估算出的城镇就业者总体工资水平。

表 1－1　2008 年城镇就业者结构及平均工资水平

就业者类别	就业者人数（万人）	就业者比重（%）	年平均工资（元）	工资差距倍数（倍）
城镇单位就业者	12193	58.3	28898	1.21
城镇私营企业就业者	5124	24.5	17071	0.71
城镇个体工商户就业者	3609	17.2	17071	0.71
总　　计	20926	100	23962	1.00

资料来源：城镇单位就业者人数、城镇私营企业就业者人数和城镇个体工商户就业者人数均为《中国统计年鉴》公布数据；城镇单位就业者年平均工资数据来源于《中国统计年鉴》公布数据；城镇私营企业就业者年平均工资数据来源于国家统计部门内部数据；城镇个体工商户就业者年平均工资现无直接统计数据，暂以城镇私营企业就业者年平均工资数据替代。

2008 年，根据国家统计局公布的数据，城镇单位就业者为 12193万人，年平均工资为 28898 元。但是，当年城镇全部工薪就业者大约是 20926 万人，城镇单位就业者在其中只占 58.3%，城镇私营企业就业者在其中占 24.5%，城镇个体工商户就业者在其中占 17.2%。如果按照城镇全部工薪就业者总数计算，2008 年较为真实的城镇就业者年平均工资应大约是 23962 元，要比国家统计部门统计发布的城镇单位就业者年平均工资低 4936 元。可以发现，城镇就业者总体工资水平只相当于城镇单位就业者工资水平的 83%。也就是说，如果2008 年将城镇全部工薪就业者都纳入社会平均工资统计范围，那么这个社会年平均工资将比国家统计部门统计发布的城镇单位就业者年平均工资低 17% 左右。出现这种情况的主要原因是，城镇单位就业者的工资水平总体较高，是同期城镇私营企业和个体工商户就业者年平均工资的 1.7 倍左右；城镇中约占 41.7% 的城镇私营企业和个体工商户就业者，其年平均工资水平只相当于同期城镇单位就业者年平均工资的约 60%。因此，以 2008 年城镇就业者的年平均工资（或称为社会平均工资）数据为准，城镇单位就业者的年平均工资相当于它的 1.21 倍，而私营企业和个体工商户就业者的年平均工资则相当于它的 0.71 倍。

（二）我国 2008 年城乡就业者整体工资水平的估算

改革开放 30 多年来，我国多种所有制经济快速发展，非农产业不断扩大，城镇化进程逐步推进，城镇和乡村的工薪就业者队伍也随之迅速扩充。我国经济社会的发展变化，已经使挣取工资的就业者不再局限于城镇单位就业人员，甚至不再局限于城镇各类就业人员，即使是在乡村就业的人员也已经具有很大规模，其中包括了乡镇（村）集体企业、私营企业等各类企业中的就业者，以及乡镇（村）个体工商户就业者，这些就业者总数只是略少于城镇单位就业者总数，但也应当超过了 1.5 亿人。如果我们按照国际通行标准统计整个社会就业者的工资水平，就应该把他们包括进来，而不是排除在外。表 1-2 是根据 2008 年城乡各类就业者的数量及工资水平估算出的城乡就业者总体工资水平。

表 1-2   2008 年城乡就业者结构及平均工资水平

就业者类别	就业者人数（万人）	就业者比重（%）	年平均工资（元）	工资差距倍数（倍）
城镇单位就业者	12193	33.5	28898	1.49
城镇私营企业就业者	5124	14.1	17071	0.88
城镇个体工商户就业者	3609	9.9	17071	0.88

就业者类别	就业者人数（万人）	就业者比重（%）	年平均工资（元）	工资差距倍数（倍）
乡镇（村）企业及个体工商户就业者	15451	42.5	13346	0.69
总　计	36377	100	19453	1.00

　　资料来源：城镇单位就业者人数、城镇私营企业就业者人数和城镇个体工商户就业者人数均为《中国统计年鉴》公布数据；城镇单位就业者年平均工资数据来源于《中国统计年鉴》公布数据；城镇私营企业就业者年平均工资数据来源于国家统计部门内部数据；城镇个体工商户就业者年平均工资现无直接统计数据，暂以城镇私营企业就业者年平均工资数据替代；乡镇（村）企业及个体工商户就业者人数来源于农业部《中国乡镇企业及农产品加工业年鉴（2009）》公布数据；乡镇（村）企业及个体工商户就业者年平均工资数据暂以国家统计部门公布的全国农民工中的本地农民工年平均工资数据替代。

　　根据初步估算结果，2008 年我国城乡工薪就业者总数达 3.6377 亿人，约占当年全国 7.7480 亿城乡就业者总数的 47%。其年平均工资大约是 19453 元，比当年城镇单位就业者年平均工资低了 9445 元，仅相当于当年城镇单位就业者年平均工资的 67.3%。如果用城乡就业者的年平均工资与当年城镇就业者的年平均工资相比，城乡就业者的年平均工资大约是城镇就业者年平均工资的 81.2%；如果按绝对值计算，城乡就业者的年平均工资要比城镇就业者的年平均工资低 4509 元。以 2008 年全国城乡就业者的年平均工资为基准，城镇单位就业者的年平均工资是其 1.49 倍，城镇私营企业和个体工商户就业者的年平均工资是其 0.88 倍，乡镇（村）企业及个体工商户就业者的年平均工资是其 0.69 倍。年平均工资最高的城镇单位就业者的年平均工资是年平均工资最低的乡镇（村）企业及个体工商户就业者年平均工资的 2.17 倍。可以发现，乡镇（村）就业者的工资水平在社会各类就业者当中处于最低水平，城乡工薪就业者之间的工资水平差距还是比较大的。正是由于这个原因，如果将城乡工薪就业者全部纳入工资统计范围，即使城镇单位就业者的工资水平在一定程度上会拉高社会整体工资水平，但这个较真实的社会平均工资水平显然要比城镇单位就业者的工资水平或城镇全部工薪就业者的工资水平都低一些。

从发展趋势看，一方面，我国的就业空间及就业潜力决定了城镇单位就业者人数的增长速度将长期慢于城乡工薪就业者人数的增长速度，其占城乡工薪就业者总数的比重必将逐步降低；另一方面，由于城镇单位一般规模较大，行业地位较高，经济效益较好，其就业人员的工资增长相对稳定，在很多时候其工资增速会快于其他类型的工薪就业者。两方面共同作用的结果是：城镇单位就业者工资水平越来越不能代表或说明社会整体工资水平。

（三）我国2013年城乡就业者整体工资水平的估算

前面对我国2008年城镇和城乡就业者平均工资进行的估算，是在国家统计部门对城镇就业者工资水平统计进行较大改进之后，根据已有条件及不具备条件时笔者自己创造条件所做的初步尝试。也许有人认为这种估算方式比较粗陋，依据不够合理也不够充分，但是，只要你认为了解和掌握我国城镇和城乡就业者整体工资水平很有必要，分析城乡不同就业者群体的工资水平差距很有必要，那么就会认为这种估算很有必要。尽管部分与就业者相对应的工资数据仍然存在缺漏，有时不得不使用替代性数据，但这种数据替代基本符合逻辑，在不得已而为之的情形下具有可行性。比如，使用国家统计部门已经掌握（当时尚未发布）的城镇私营企业就业者的年平均工资，在很大程度上应当可以作为城镇个体工商户就业者当年平均工资的替代数据。实际上，除了规模较大的私营企业，有些私营企业开始注册时就是个体工商户。这两个用人主体的用人方式和工资分配方式具有相同的市场化特征，在同一人力资源市场区域内的需求层次重合度也比较高，因此工资数据的可替代程度也会比较高。再比如，使用国家统计部门已经掌握的农民工中的本地农民工的工资水平数据，在很大程度上也可以作为乡镇（村）各类企业及个体工商户就业者的工资水平数据。这是因为这两个就业主体所能使用的劳动力资源主要还是在本地区寻找各种就业机会的农民工。

既然对 2008 年城乡就业者平均工资的估算是探索的开始，那么现在再根据笔者从现有统计资料中能够寻找到的最新的相同口径的统计数据，再使用与原来相同的估算方法，对 2013 年我国城乡就业者的年平均工资进行估算，以此分析判断这期间较真实的社会平均工资变动情况①（见表 1 - 3）。笔者认为，按照我国目前城乡一体化经济社会发展趋势，城镇和乡村的融合程度越来越高，相互之间的"边界"越来越模糊，现有数据分类统计的难度越来越大，而强制分类统计的准确度却越来越低。因此，以后对城乡就业者工资水平的估算和统计，不再适合区分城镇和城乡就业者两个类别。

表 1 - 3 2013 年城乡就业者平均工资水平估算

就业者类别	就业者人数（万人）	就业者比重（%）	年平均工资（元）	工资差距倍数（倍）
城镇单位就业者	18108	36.9	51483	1.38
城镇私营企业就业者	8242	16.8	32706	0.88
城镇个体工商户就业者	6142	12.5	32706	0.88
乡镇（村）企业及个体工商户就业者	16643	33.9	25986	0.70
总 计	49135	100.1	37350	1.00

资料来源：城镇单位就业者人数、城镇私营企业就业者人数和城镇个体工商户就业者人数均为《中国统计年鉴》公布数据；城镇单位就业者年平均工资数据来源于《中国统计年鉴》公布数据；城镇私营企业就业者年平均工资数据来源于国家统计部门内部数据；城镇个体工商户就业者年平均工资现无直接统计数据，暂以城镇私营企业就业者年平均工资数据替代；乡镇（村）企业及个体工商户就业者人数来源于农业部《中国乡镇企业及农产品加工业年鉴》公布数据；乡镇（村）企业及个体工商户就业者年平均工资数据暂以国家统计部门公布的全国农民工中的本地农民工年平均工资数据替代。

根据表 1 - 3 显示的估算结果，2013 年我国城乡工薪就业者总数

---

① 由于农业部乡镇企业局机构职能转变，该机构此后已不再统计较完整的乡镇（村）企业和个体工商户就业人员数据。

接近 5 亿人，约占当年全国城乡就业总人数的 63.8%；其年平均工资估算结果是 37350 元，相当于城镇单位就业者年平均工资的 72.5%。在城乡工薪就业群体当中，1.8 亿城镇单位就业者的年平均工资最高，2013 年达到 51483 元，以此为基准，城镇私营企业就业者的年平均工资相当于它的 63.5%，乡镇（村）企业及个体工商户就业者的年平均工资相当于它的 50.5%。如果以全国城乡就业者 2013 年平均工资 37350 元为基准，城镇单位就业者的年平均工资相当于它的 1.38 倍，城镇私营企业和城镇个体工商户就业者的年平均工资相当于它的 0.88 倍，乡镇（村）企业及个体工商户就业者的年平均工资相当于它的 0.70 倍。可以发现，占城乡工薪就业者总数 36.9% 的城镇单位就业者的工资水平较高，其仍然在一定程度上拉高了城乡就业者的整体工资水平，但与原来我们将城镇单位就业人员或在岗人员工资水平作为社会平均工资水平相比，正是由于他们的工资数据权重从原来的 100% 降低到现在的 36.9%，才使人们认识到较真实的社会平均工资水平要比原来认为的社会平均工资水平大约低 27.5%。

（四）城乡就业者工资增长分析

根据对我国 2008 年和 2013 年城乡就业者整体工资水平的估算结果，我们可以进一步对比分析这 5 年间城乡就业者整体工资水平的增长情况。2008～2013 年，城乡就业者年平均工资由 19453 元增长到 37350 元，年平均递增速度为 13.9%。可以发现，城乡就业者整体工资水平的增长速度确实较快，甚至接近 5 年内翻番的程度。对统计部门公布的部分城乡就业群体工资数据进行观察发现，在这 5 年间，城镇单位就业者工资水平的年平均增速是 12.2%，低于城乡就业者整体工资水平增速 1.7 个百分点；城镇私营企业和个体工商户就业者工资水平的年平均增速为 13.9%，与整体工资水平增长速度持平；乡镇（村）企业和个体工商户就业者工资水平的年平均增速为 14.3%，是城乡各类就业群体中工资增长最快的，高于城乡就业者整体工资水平增长速度 0.4 个百分点。可以发现，这期间各就业群体平均工资增长速度都比较快，没有低于两位数的。但值得注意的是，我国城乡用人单位之间的工资差距仍然较大，乡镇（村）就业者的工资收入增长快一些，有利于逐步缩小不同就业群体之间的工资水平差距。

结合城乡各类就业人群数量变化分析发现，在这 5 年间，城镇单位就业者以外的其他就业群体不仅工资水平增速较快，而且就业人数的增速也很快。5 年间，我国城乡工薪就业者总计增加了 1.2758 亿人，其中城镇单位就业者总计增加了 0.5915 亿人，其他就业者总计增加了 0.6843 亿人，尤其是城镇私营企业和个体工商户就业者增量较多。这种现象可以解释为，随着城乡一体化进程以及私营经济的快速发展，企业对就业者的需求持续旺盛，进而促进了在城乡私营经济中就业者的工资水平较快增长，而且这一工资水平的较快增长并没有削弱其对就业者人数的需求，可以说明这是劳动力市场供求机制在其中发挥了主要作用，另外，推进工资集体协商和调整最低工资标准等相关措施在此基础上也同样发挥了较为积极的作用。

三　人力资源和社会保障政策
与社会平均工资的关系

目前人力资源和社会保障方面的政策规定与城镇单位在岗职工的平均工资（即原来习惯使用的社会平均工资）有着十分密切的关系，特别集中于工资调控和社会保险这两大工作领域。

第一，各地区在测算最低工资标准时，无论用什么方法，都会考虑本地区社会平均工资水平这个因素，或者将其与社会平均工资进行比较和衡量，以作为最低工资标准评估与调整的重要依据。2003

年《最低工资规定》要求，最低工资标准的测算与确定应考虑与本地区社会平均工资的关系，其是否在相当于社会平均工资水平的40%到60%这个区间之内。

第二，政府部门在研究确定某类人员工资待遇水平时会考虑其与社会平均工资的关系。比如，上海市给社区工作者确定工资待遇时，就考虑了对这类人员应按照高于上年度社会平均工资水平的标准确定其工资待遇。政府部门在核定事业单位工资总额或确定复转军人解困金等工作过程中，都会参考使用本地区社会平均工资水平，或直接与社会平均工资挂钩。

第三，各个地区的社会平均工资与本地区社会保险经办机构确定养老保险、医疗保险和失业保险个人缴费60%～300%的最低限度和最高限度密切相关。现在各地区（除了已经将非私营和私营工资统计合并的地区）对社会保险缴费的高低限度都是直接按照本地区上年度城镇单位在岗职工工资水平确定的。无论是对于参保的灵活就业人员，还是本人应得工资低于社会平均工资60%的就业人员，养老、医疗和失业这三项保险的个人最低缴费标准都不得低于社会平均工资的60%这个最低限度。对于本人应得工资水平高于社会平均工资300%的就业人员，其个人缴费工资标准最高不能超过社会平均工资的300%。北京市的规定是，参加基本养老保险、失业保险的职工，其缴费基数下限按照本市上一年度职工月平均工资的40%确定；参加基本医疗保险、工伤保险、生育保险的职工，其缴费基数下限按照本市上一年度职工月平均工资的60%确定。

第四，多数地区职工医疗保险的最高支付限额一般依据本地区社会平均工资的一定限度确定。目前多数地区的城镇职工医疗保险的最高支付限额一般是按照当地职工年平均工资的6倍控制的。一些地区城乡居民医疗保险的总体筹资水平也要考虑与本地区社会平均工资的关系，如上海市城乡医疗保险人均筹资标准是按照上年度职工平均工资的 2.5% 左右控制的。

第五，《工伤保险条例》中规定了两个重要参数，一个是 CPI，另一个就是社会平均工资。工伤保险待遇支付中不论是一次性支付还是按月支付，其标准都与社会平均工资有着紧密联系。比如，一次性待遇支付有两个项目与社会平均工资直接挂钩，一个是一次性工伤医疗补助金；另一个是一次性伤残就业补助金。其具体标准由地方政府制定。如北京市，工伤职工在终止或者解除劳动关系时，其领取的一次性工伤医疗补助金具体标准为解除或者终止劳动关系时3~18个月的本市上年度职工月平均工资。其中五级18个月，六级15个月，七级12个月，八级9个月，九级6个月，十级3个月。用人单位应当支付的一次性伤残就业补助金，按上述标准执行。另外，社会平均工资还被用于确定工伤待遇中丧葬补助费的计算基数。根据《工伤保险条例》第三十九条的规定，职工因工死亡，其近亲属按照下列规定从工伤保险基金中领取丧葬补助金、供养亲属抚恤金和一次性工亡补助金：丧葬补助金为6个月的统筹地区上年度职工月平均工资。根据《工伤保险条例》第三十四条的规定，工伤职工已经评定伤残等级并经劳动能力鉴定委员会确认需要生活护理的，从工伤保险基金中按月支付生活护理费。生活护理费应按照生活完全不能自理、生活大部分不能自理和生活部分不能自理3个不同等级支付，其标准分别为统筹地区上年度职工月平均工资的50%、40%和30%。

第六，社会平均工资与职工养老保险金的支付水平高低有直接关系。对退休者个人来讲，现在基本养老保险金支付标准是与社会平均工资（其实是城镇单位在岗职工平均工资）直接挂钩的，其他部分与个人缴费工资挂钩。对社会保险基金筹集来讲，按什么样的工资水平和缴费比例筹集社会保险基金，与按什么样待遇水平支付社会保险金这两者之间需要考虑对应和平衡关系。

第七，《劳动合同法》第四十七条规定，经济补偿按劳动者在本单位工作的年限，每满一年支付一个月工资的标准向劳动者支付。六个月以上不满一年的，按一年计算；不满六个月的，向劳动者支付半个月工资的经济补偿。劳动者月工资高于用人单位所在直辖市、设区的市级人民政府公布的本地区上年度职工月平均工资三倍的，向其支付经济补偿的标准按职工月平均工资三倍的数额支付，向其支付经济补偿的年限最高不超过十二年。

四　城乡就业者工资数据使用及影响

对于工资分配的研究者和政策制定者来说，理应全面掌握城乡各类就业者的工资水平及其增长状况，而不只是把视角滞留在城镇单位就业者或在岗职工工资水平及其增长的局部范围内。这样做，有利于我们在现行工资分配制度及其运行中发现新情况和新问题，有利于我们研究探索解决这些问题的途径和方法，有利于制定合理的政策目标并采取有效的政策措施。不这样做，就可能"一叶障目，不见泰山"，高估社会就业者现有工资水平，可能会对工资增长和工资差距变动状况及变动趋势做出片面甚至错误的判断。

制定并实施"十二五"规划期间的最低工资标准调整政策为我们提供了一个比较典型的例子。如果只是以城镇单位在岗职工或就业者工资水平为基准，人们会发现各地区很难合理确定并调整适用于本地区的最低工资标准，特别是感到很难理顺最低工资标准与工资水平之间的协调关系。根据现行法律法规的规定，各地区在制定及调整最低工资标准时，要考虑城镇居民的生活费用支出、职工个人缴纳的社会保险费和住房公积金、职工平均工资、失业率、经济发展水平等因素。因为城镇单位就业者的平均工资并不能真实、准确地反映本地区全部就业者的实际工资水平，尽管人们认为社会平均工资是一个研究分析最低工资标准适度程度的重要因素，但是又

会发现它在国内一直是个难以应用且令人困惑的因素。其实，这个
因素至今没有真正用在最低工资标准的测算当中，只是被放入了对
测算结果的验证当中，但是验证的结果并不理想，逐渐使人们对它
失去了信心。根据很多国家的经验数据，一些专家学者认为，一个
国家或地区的最低工资标准确定在社会平均工资的 40% ~ 60% 是比
较合适的。我国在"十二五"期间倾向于制定较为积极的收入分配
政策，在提高低收入者收入水平方面希望能够有更大的作为。因此，
当时人力资源和社会保障部门确定了一个在"十二五"期间争取使
最低工资标准逐步达到城镇从业人员工资水平 40% 的目标。但是，
多数地区在执行中发现，如果使用城镇非私营单位就业者（即城镇
单位就业者）的平均工资衡量，这个目标与现实状况差距太大，在
规划期内基本无法实现（见表 1-4）。

表 1-4　2013 年 15 个副省级城市最低工资标准相当于城镇
非私营单位就业者平均工资的比例

城　市	非私营单位月平均工资（元）	月最低工资标准（元）	最低工资相当于平均工资的比例(%)	与"十二五"目标值差距（个百分点）
哈尔滨	3934	1160	29.5	-10.5
长　春	4297	1320	30.7	-9.3
沈　阳	4254	1300	30.6	-9.4
济　南	4471	1380	30.9	-9.1
南　京	5532	1480	26.8	-13.2
杭　州	5305	1470	27.7	-12.3
广　州	5808	1550	26.7	-13.3
武　汉	4366	1300	29.8	-10.2
成　都	4030	1200	29.8	-10.2
西　安	4113	1150	28.0	-12.0
大　连	4870	1300	26.7	-13.3
青　岛	4569	1380	30.2	-9.8
宁　波	5055	1470	29.1	-10.9

城　市	非私营单位月平均工资（元）	月最低工资标准（元）	最低工资相当于平均工资的比例(%)	与"十二五"目标值差距（个百分点）
厦　门	4655	1320	28.4	-11.6
深　圳	5218	1600	30.7	-9.3

注：1. 由于部分地区平均工资统计范围进行调整，所以各地区统计平均工资的人员范围不大相同。其中，成都市为全市单位就业者的平均工资，包括了国有、集体、私营和其他类型的单位就业者；厦门市平均工资中包括了劳务派遣人员；深圳市平均工资中包括了原乡镇企业中符合非私营条件的"四上"企业等。2. 本表各城市月最低工资标准为本市 2013 年度调整后的最低工资最高档标准。3. 本表中"十二五"规划目标值以 40% 为依据。

资料来源：本表中各城市非私营单位就业者月平均工资数据来源于各地区统计年鉴或公开发布数据。

从表 1 - 4 可以发现，在 15 个副省级城市中，2013 年只有长春、沈阳、济南、青岛和深圳 5 个城市的最低工资标准相当于城镇非私营单位就业者平均工资的比例刚刚达到 30%，其余 10 个城市仍然不同程度地处在 30% 以下的位置上。若以"十二五"规划目标值 40% 的标准衡量，这 15 个城市还有 9.1 ～ 13.3 个百分点的差距，绝大多数城市的差距都在 10 个百分点以上。试想，在这一期间工资水平增长相对较快的情况下，以此作为完成"十二五"目标任务的衡量标准，那么完成这一目标任务的难度极大。

表 1 - 5　2013 年 15 个副省级城市最低工资标准相当于城乡就业者平均工资比例的估算值

城　市	城乡就业者月平均工资（元）	月最低工资标准（元）	最低工资相当于平均工资的比例(%)	与"十二五"目标值差距（个百分点）
哈尔滨	2852	1160	40.7	0.7
长　春	3115	1320	42.4	2.4
沈　阳	3084	1300	42.2	2.2
济　南	3241	1380	42.6	2.6
南　京	4011	1480	36.9	-3.1
杭　州	3846	1470	38.2	-1.8

城　市	城乡就业者月平均工资（元）	月最低工资标准（元）	最低工资相当于平均工资的比例(%)	与"十二五"目标值差距（个百分点）
广　州	4211	1550	36.8	-3.2
武　汉	3165	1300	41.1	1.1
成　都	2922	1200	41.1	1.1
西　安	2982	1150	38.6	-1.4
大　连	3531	1300	36.8	-3.2
青　岛	3313	1380	41.7	1.7
宁　波	3665	1470	40.1	0.1
厦　门	3375	1320	39.1	-0.9
深　圳	3783	1600	42.3	2.3

注：1. 各城市城乡就业者月平均工资统一按照当年全国城乡就业者平均工资相当于城镇单位就业者平均工资72.5%的估算比例进行折算。2. 本表中各城市月最低工资标准为本市2013年调整后的最低工资最高档标准。3. 本表中"十二五"规划目标值以40%为依据。

从表1-5可以发现，如果上述城市城乡就业者平均工资统一按照当年全国城乡就业者平均工资相当于城镇单位就业者平均工资估算值72.5%的比例折算，并以此为基准测算当年最低工资标准相当于城乡就业者平均工资的比例，那么2013年有9个副省级城市已经达到"十二五"规划设定的40%以上的标准，其余6个副省级城市也不同程度地接近达到目标值，当年距离这个目标值差距最大的也不过3.2个百分点。由此可见，按合理方式测算，当时制定的"十二五"规划期内调整最低工资标准的目标值应该也是合理的，各地区经过努力应当可以实现。

继续将城镇单位在岗职工平均工资作为社会平均工资与现行政策挂钩，虽然可以保持现行政策的稳定性，但其中存在的问题也会继续存在下去。比如，继续依据城镇单位在岗职工平均工资水平确定的社会保险缴费工资基数，将难以解决低工资收入者、灵活就业者和国企下岗老职工的个人缴费负担较重的问题，从而引发更多的逃避参加社会保险、中断社会保险缴费和"钻空子"少缴社会保险费的现象。

在现行人力资源和社会保障相关政策中，如果将原来使用的城镇单位在岗职工平均工资数据直接替换为城乡就业者平均工资数据，将会产生以下影响。其一，各地区最低工资标准相当于社会平均工资的比例会有不同程度的上升，不是所有地区也会是多数地区的这个比例都可能不同程度地高于40%，从而有利于政府部门和专家学者更好地分析、判断和评估各地区最低工资标准的适度程度。其二，有利于国家和各个地区更好地分析、判断和评估就业者的整体工资水平增长状况，合理调节国家机关、事业单位和国有企业的工资水平，合理调节各就业群体的工资水平，合理确定特定人员的工资待遇。其三，在其他因素不变的条件下，如果直接使用城乡就业者平均工资作为确定就业者个人社会保险缴费工资基数，那么就相当于把这个基数和缴费最低和最高限度大约调低了27.5%，相应降低了低工资就业者、灵活就业者的社会保险缴费负担。其四，如果按照新的社会平均工资计算退休人员养老金及其他与社会平均工资挂钩的各项社会保险待遇，也等于相应降低了待遇标准，使前后人员的待遇水平由此产生差异，从而影响社会保险制度的稳定性和社会稳定性。

使用代表性和覆盖面更好的社会平均工资取代传统的城镇单位在岗职工平均工资，虽然合情合理，使我们能够了解掌握城乡就业者总体工资水平及其发展变化的真实状况，有利于合理制定工资分配和社会保障政策及相关标准。但是，这件事情涉及面广，利益关系敏感，如果仓促行事、盲目使用也会出问题。一是它涉及国家劳动工资统计制度和统计方法的较大变革，需要认真研究，并做大量基础工作，因为要准确统计并发布社会整体平均工资数据短时间内难以办到；二是新旧工资水平数据根本不是一个统计口径，且不易补齐历史数据，新旧工资数据难以对接，不能直接转换使用；三是社会整体平均工资相比原城镇单位在岗职工平均工资有较大落差，直接用于确定社会保险缴费基数和支出标准，在其他因素不变的情况下，有可能影响社会保障基金征收规模，并且容易造成社会保障水平降低，不利于社会保障制度的稳定运行；四是社会平均工资同样具有抹平各类员工工资差距的特点，按照传统方式将其作为社会保障缴费基数和支出标准也会带来同样问题。

五　改进工资统计及相关政策措施

为适应我国经济和社会长期发展需要，应当按照实事求是的原则，尽快改革劳动工资统计制度，采用全新的抽样调查方法，尽早建立能够覆盖城乡各类工薪就业者群体的工资统计指标体系，统计发布包括城乡各类用人主体及其所使用的就业者在内的社会整体平均工资。作为工资统计指标体系中的构成部分，国家统计部门在统计发布城乡就业者平均工资的同时，仍可继续发布城镇单位在岗职工或城镇单位就业者的平均工资，以适应过渡期间的社会需要，并据此观察分析新旧工资数据相互之间的变化状态。

作为改进完善现行工资统计的一个过渡办法，可以先改变目前城乡各类用人主体在就业人员和工资统计上的重复和缺漏现象，按照机关、事业（包括社团）、企业、个体工商组织四大类对就业人数及工资水平统计进行重新整合。各用人单位在人员统计过程中必须将在本单位一定期限内稳定从事工作的全部人员都统计进来。对机关、事业单位的工资统计，可以在现有报表基础上加以改进；对企业和个体工商组织均应采用抽样方法进行统计。对企业和个体工商户工资的抽样调查，要能够覆盖城乡。特别是对企业的抽样调查，应将城乡各类企业全部包括进来，并尽可能按照不同类别企业就业人员的具体分布情况确定抽样样本，使统计结果更加真实可靠。

各地区统计部门、人力资源和社会保障部门可以先开展调查研究，使用较为合理的估算方式，先摸清本地区城乡就业者的分类和总体上的工资水平底数，并观察、分析城镇单位在岗职工工资水平与城乡就业者整体工资水平之间的差距。在现行与社会平均工资相挂钩的那些制度规定未调整之前，可以先将已经摸清的各类就业者的平均工资底数作为编制规划、研究改进相关政策规定的参考依据。特别是在研究调整最低工资标准、工资指导线、社会保障和社会救助等相关领域，可以将其作为制定和调整相关标准的重要参考依据。

改进完善对社会各类就业者社会保险费征收和待遇支付方法。根据我国各类就业者工资水平参差不齐、差距较大的实际情况，社会保险费征收和待遇支付标准都不适合再与城镇单位在岗职工平均工资直接挂钩。但是，目前它们也不适合与社会整体工资水平直接挂钩。改进重点应当放在进一步强化征收和支付标准与参保人员实际收入的针对性方面。比如，在部分就业者群体的社会保险个人缴费方面，可将目前在城镇单位在岗职工平均工资基础上打折的方式，改变为与同类就业者群体的工资水平挂钩方式，或者是与参保人员本人缴费工资收入认定标准挂钩的方式，也可以在各类就业者平均工资水平差异的基础上，在原有计算公式中根据不同的参保对象加入相对应的调整系数，合理调控社会保险费用的征收和待遇支付标准。

在制定工资分配政策过程中，应当以城乡就业者整体工资水平为基准，统筹考虑各类用人单位工资水平及分配条件的具体情况，力争做到目标合理、措施得当。比如，我国城乡各类用人单位都要执行最低工资标准，不应只以城镇单位工岗职工工资水平甚至是城镇部分单位工岗职工工资水平作为研究分析和确定调整目标的依据，完全有必要充分考虑最低工资标准适用区域内城乡整体工资水平和不同单位的具体情况。在调节工资分配关系和促进低工资收入群体工资收入增长方面，同样要拓宽视野，全面分析城乡企业和个体工商户的实际情况和工资差距，对城乡用人主体都适用的政策要能够覆盖农村地区，针对乡镇（村）企业和个体工商户的特殊问题，也应研究采用更有针对性的政策措施加以解决。

第二章　工资和劳动报酬占 GDP 的比重

进入 21 世纪后，随着我国国民经济持续快速发展，工资和劳动报酬与国民经济增长的协调性问题，特别是工资和劳动报酬在国内生产总值（GDP）中的份额变动问题，逐步成为社会关注和专家研究的热点问题。为此，很多专家学者纷纷展开专题研究，运用各种方法测算改革开放以来特别是 2000 年之后工资和劳动报酬占 GDP 比重的变动状况，并与部分国家相关数据进行比较分析。多数专家学者在研究分析后得出的结论是，在我国经济快速增长的同时，工资和劳动报酬占 GDP 的比重出现了持续性、较明显的下降趋势，虽然中间经历了统计部门调整统计口径因素的干扰，但仍然不会改变这一变化趋势。与发达国家和一些发展中国家相比，我国工资和劳动报酬宏观占比存在偏低问题，因此很多专家学者认为有必要适当提高工资和劳动报酬的宏观占比，在国家层面应当采取积极促进工资和劳动报酬增长的政策导向及相关措施。但是，也有少数专家学者认为，改革开放以来劳动报酬占 GDP 的比重并非持续下降而是处于逐步上升状态，那些得出劳动报酬占 GDP 比重下降结论的专家学者不仅忽视了我国统计概念和统计口径上仍然存在的一些问题，甚至还忽略了隐性收入问题，因此很多专家学者提出的进一步提高劳动报酬占 GDP 比重的建议将会对制定政策产生误导。[1]

---

① 华生：《劳动者报酬占 GDP 比重的严重误读》，《中国证券报》2010 年 10 月 14 日。

综合看来，人们对国际通行的用于国民账户核算的工资和劳动报酬概念的认识仍不够清晰，统计口径和统计方式上存在的问题较多，这确实在一定程度上影响了测算结果的合理性与准确性，使我们难以深刻认识相关问题、准确把握变动趋势、合理确定政策导向。

一　基本概念和前期研究概况

（一）　工资和劳动报酬的基本概念

研究测算工资和劳动报酬在 GDP 中占比的一个重要前提是明确国家统计部门对于工资总额、劳动报酬的统计概念，以及这类指标在现有统计资料中的统计范围。国家统计部门在《中国统计年鉴》中对于工资总额指标的解释是，根据《关于工资总额组成的规定》（1990 年 1 月 1 日国家统计局发布的 1 号令）进行修订，在报告期内（季度或年度）直接支付给本单位全部就业人员的劳动报酬总额，包括计时工资、计件工资、奖金、津贴和补贴、加班加点工资、特殊情况下支付的工资，是在岗职工工资总额、劳务派遣人员工资总额和其他就业人员工资总额之和。工资总额是税前工资，包括单位从个人工资中直接为其代扣或代缴的房费、水费、电费、住房公积金和社会保险基金个人缴纳部分等。不论是计入成本的还是不计入成本的工资，不论是以货币形式支付的还是以实物形式支付的工资，均应列入工资总额的计算范围。在国民账户核算部分，《中国统计年鉴》对于劳动者报酬指标的解释是，劳动者因从事生产活动所获得的全部报酬，包括劳动者获得的各种形式的工资、奖金和津贴，既包括货币形式的，也包括实物形式的，还包括劳动者所享受的公费医疗和医药卫生费、上下班交通补贴、单位支付的社会保险费、住房公积金等。

自从 20 世纪 80 年代我国引入国际上广泛应用的 SNA 核算体系

后，国家统计机构的统计指标和统计方法也在争取与国际通行做法接轨。但是到现在，有些统计指标在概念上已基本达到了接轨程度，可在统计范围上还没有与国际接上轨。我国工资总额和工资水平统计就是很典型的例子。从指标解释看，我国工资概念与国际性概念基本无异，只是由于国内很多用人单位在工资收入分配中总是有部分类似于福利性的实物分配，因此将其统计进来作为工资分配而不是福利分配，会导致国内外在工资统计上存在一定差别，也可以说国内对就业者工资的统计项目要略多于主要市场经济国家的工资统计项目。其实，国内工资统计与国际做法的最大差别就在于工资统计涉及就业人员的范围不同。国际通行做法是，只要是用人单位的雇员，不管其雇主或雇员是城镇的还是乡村的，不管是生产者的工资还是管理和技术人员的薪金形式，都会纳入工资的统计范围。然而，在本书的第一章里中我们已经发现，我国统计机构的工资统计仍然没有将挣取工资报酬的城乡就业者全面统计进来，从而未形成对全国各类就业群体全覆盖的工资总额和工资水平统计体系。从国家统计机构对劳动者报酬概念的解释来看，我国劳动者报酬应当是包括了各类用人单位向其使用的员工支付的工资，以及由用人单位负担的社会保险和员工福利性支出。另据知情者解释，在2004年以后经过了对劳动者报酬数据的部分调整后，目前的劳动者报酬实际上就是包括了工薪就业者工资和保险福利在内的劳动报酬，其中没有包括农户的经营劳动收入，也不再包括个体工商户主的经营劳动收入，这两类收入作为混合性收入被归入了非公司企业主收入。这是因为农民、个体工商户甚至自我雇用性质的医生、律师等，既有经营又从事劳动，使用自有资金，其工资、利息、租金不可能如有组织的企事业单位那样，通过各类账册区分出哪些应当是自己应得的工资报酬部分，哪些又是利息、利润和租金等，所以这些要素收入只好混在一起统一作为非公司企业主收入或所谓的混合性收入。

其实，这种做法也是国际通行的做法，只是劳动者报酬的名称至今还没有调整为国际通用的雇员报酬。按照国际流行的国民账户核算体系，"compensation of employees" 就是指雇员（指各类用人单位所雇用的人员）的劳动报酬，其中包括雇员的全部工资收入以及雇主对于雇员的保险福利性支出。

（二）前期研究状况

较为遗憾的是，包括笔者在内，早期对此类问题进行研究测算的专家学者大都没有完全弄清楚这些统计指标的概念和范围，加上所用方法也不尽相同，因此对工资和劳动报酬占 GDP 比重的测算研究结果不但差异较大，而且与实际情况往往都存在或大或小的偏差。

中国社会科学院工业经济研究所编写的 2007 年企业蓝皮书《中国企业竞争力报告（2007）——盈利能力与竞争力》的数据显示，1990~2005 年，我国劳动者报酬占 GDP 的比重从 53.4% 降至41.4%。李稻葵等利用省份收入法 GDP 数据计算发现，1990~2006年，我国劳动者报酬占 GDP 的比重有一个先上升后下降的过程，在波动中从 53% 下降到 40% 左右，其又根据与部分国家数据横向比较和理论模型分析，发现一个国家劳动者报酬占 GDP 的比重普遍存在一个在逐步降低后再逐步上升的所谓 U 形变动规律。[1] 白重恩和钱震杰以省际收入法并结合全国经济普查资料及其他相关资料对部分年度统计数据进行修补后发现，我国劳动收入份额在 1978~1984 年上升，1985~1994 年基本不变，1995~2004 年逐渐下降。其分析表明，我国劳动收入份额在 1995~2003 年共降低了 5.48 个百分点，但降幅并不如人们普遍认为的那么大。其中，结构转型和部门劳动收入份额的变化分别使其降低了 3.36 个和 2.12 个百分点。[2] 罗长远和张军

---

① 李稻葵、刘霖林、王红领：《GDP 中劳动份额演变的 U 型规律》，《经济研究》2009 年第 1 期。

② 白重恩、钱震杰：《国民收入的要素分配：统计数据背后的故事》，《经济研究》2009 年第 3 期。

借助于省份收入法 GDP 数据计算发现，1996～2006 年，劳动报酬占 GDP 的比重从 54% 下降至 40%。[①] 首先，这与大多数国家的情况背道而驰。从国际来看，多数发展中国家和发达国家，劳动收入占比大致处在 55%～65% 的水平，而中国劳动收入占比仅高于拉美一些收入分配严重不均的国家（如巴西）。其次，它与中国积极参与全球分工的背景相悖。中国作为在劳动密集型产品出口上具有比较优势的国家，这一时期对外出口的扩张应使得收入分配向劳动者倾斜而不是相反。对这个问题的研究测算中，华生的方法与结论显得与众不同。华生认为，我国劳动者报酬占国民收入比重过低，亟待提高，今天几乎已成社会共识，其实这不过是统计误导的又一错案。按国际同比口径，我国劳动者报酬占 GDP 的比重已远超发展中国家，在金砖四国和中等发达国家中也位居前列，与自己纵比也不是下降，而是在持续上升。中国劳动者报酬已进入上升周期，其增长受制于经济发展阶段，并不是越高越好，以为拔高这个比重就可以缩小贫富差距，更是一种错觉。[②] 在对劳动报酬占 GDP 比重的具体测算分析中，华生认为农户的收入不应被记为劳动者报酬，而统计局 2004 年对劳动报酬数据的调整只走了半步。如将农户收入去除后，我国劳动者报酬占比将在剔除了个体工商户收入基础上再大幅下降近 5 个百分点，我国与国际同口径的劳动报酬占 GDP 的比重在 2008 年约为 43.5%。从其 1992～2008 年的测算结果看，2002 年以前调整后的劳动报酬占 GDP 的比重有一个逐步上升的过程，以后在窄幅波动中保持基本稳定。

关于我国工资总额占 GDP 的比重，如果现在仍然直接使用统计机构公布的职工工资总额进行计算，其结果明显缺乏真实性，人们

① 罗长远、张军：《劳动收入占比下降的经济学解释——基于中国省级面板数据的分析》，《管理世界》2009 年第 5 期。

② 华生：《劳动者报酬占 GDP 比重低被严重误读》，《中国证券报》2010 年 10 月 14 日。

大都不会相信是这么低。但是，由于没有权威机构公布的其他相关
数据，至今社会上仍有一些机构和专家学者在研究分析问题时还在
直接使用这等荒谬可笑的数据。较典型的是，2012 年郎咸平先生曾
在他的微博中发了一条消息称："我们来做一个算术题，把全国人民
的工资收入加在一起，除上这个国家的 GDP（国内生产总值），得到
一个数字，欧美最高是 55%……我们中国是 8%。"[①] 对于郎先生的
这个数据，国内研究收入分配问题的一些专家学者都认为不符合实
际情况，但也是苦于缺乏相关数据，大家只好从劳动报酬占 GDP 比
重的数据进行反推估计，这样估出的结果都不同程度地高于郎先生
给出的 8%。比如，苏海南认为，若以目前测算劳动报酬占 GDP 比
重最高数值 49% 来计算，则工资性收入占比约为 34%；李实认为，
以劳动者报酬占 GDP 比重约 35% 计算，若扣除约占劳动者报酬 1/3
的农民收入，全民的工资总额占 GDP 比重最低也在 20% 左右。[②]
2006 年，笔者在完成的一份《关于我国工资和人工成本水平的分析
报告》中用三种方式测算了我国工资总额占 GDP 比重的变动情况，
以便于对比发现其中的问题。第一种方式是测算城镇单位就业人员
工资总额占 GDP 的比重，从 1978 年到 1990 年一直在 16% 左右波动，
自 1991 年后逐步下降，到 2005 年时为 10.8%；第二种方式是测算金
融机构工资性支出占 GDP 的比重，从 1978 年的 17% 逐步上升到 1994
年 23.2% 的峰值，然后在波动中下降到 2005 年 20.1%；第三种方式是
测算城镇单位就业人员劳动报酬总额占 GDP 的比重，是从 1994 年的
14.2% 逐步降低到 2005 年的 11.2%。当时笔者已经发现，如果直接使
用表面上的统计数据，那么使用这三种方式测算工资占比都会有明显
缺陷，结果也不会准确，唯一能够得出的靠谱一点的结论是，当时工

---

① 王羚：《伪问题：工资收入只占 GDP 8% 真问题：收入分配亟待改革》，《第一财经日报》
2012 年 5 月 4 日。

② 王羚：《伪问题：工资收入只占 GDP 8% 真问题：收入分配亟待改革》，《第一财经日报》
2012 年 5 月 4 日。

资占比存在下降的现象，但下降幅度并没有人们普遍认为的那么大。

二　工资和劳动报酬占比新观察

（一）原有方式的局限性

在前期研究的基础上，如果延长观察的周期，继续从原来的角度进行观察，在观察中仍然使用原来的指标和方法，我们首先会发现我国工资总额占 GDP 比重的变化轨迹更加扑朔迷离，而且不同指标数据显示出来的结果也相差甚远，令人费解（见表 2 - 1）。

表 2 - 1　1978 年以来我国工资总额占 GDP 比重的变动状况

单位：%

年　度	城镇单位就业人员工资占 GDP 比重	金融机构工资性支出占 GDP 比重	城镇单位就业人员占城镇全部就业人员比重
1978	15. 7	17. 0	99. 8
1979	16. 0	18. 0	99. 7
1980	17. 1	19. 8	99. 2
1981	16. 9	19. 8	99. 0
1982	16. 7	19. 6	98. 7
1983	15. 7	19. 3	98. 0
1984	15. 8	19. 5	97. 2
1985	15. 4	19. 9	96. 5
1986	16. 3	21. 0	96. 4
1987	15. 7	20. 8	95. 9
1988	15. 5	21. 1	95. 4
1989	15. 5	21. 8	95. 5
1990	15. 9	22. 5	84. 6
1991	15. 4	22. 5	85. 5
1992	14. 8	22. 9	85. 8
1993	13. 9	22. 5	84. 4

年　度	城镇单位就业人员 工资占 GDP 比重	金融机构工资性支出 占 GDP 比重	城镇单位就业人员占城镇 全部就业人员比重
1994	13.8	23.2	80.6
1995	13.3	21.3	78.3
1996	12.8	19.7	74.5
1997	11.9	18.3	70.6
1998	11.0	21.6	57.1
1999	11.0	21.2	52.5
2000	10.7	20.6	48.6
2001	10.8	19.6	44.7
2002	10.9	19.7	42.0
2003	10.9	21.1	41.8
2004	10.6	21.5	40.7
2005	10.8	20.1	40.2
2006	11.2	18.5	39.5
2007	11.1	16.1	38.8
2008	11.2	13.5	38.0
2009	11.8	12.3	37.7
2010	11.8	—	37.6
2011	12.7	—	40.1
2012	13.7	—	41.1
2013	16.4	—	47.4
2014	16.2	—	46.5

资料来源：本表根据历年《中国统计年鉴》相关数据整理而成。金融机构工资性支出除 1978～1985 年数据来源于国家统计局编《全国财政金融企业财务统计资料汇编 1952—1985》（内部资料，1986 年，第152～153 页）外，其余数据均来源于历年《中国统计年鉴》，并于 2010 年后出现数据中断。

先从城镇单位就业人员工资占 GDP 比重的角度进行观察，如果立足于 1978～2004 年，我们可以观察到的结果是一个持续下降并逐渐趋于稳定的过程，即由 1978 年的 16% 左右逐渐下降到 2004 年的 11% 左右。但如果我们立足于 2004～2014 年，这项指标的变动又呈现一个逐渐上升的过程，即由 2004 年的 11% 左右逐渐上升到 2014 年的16%左右。整体来看,从1978年开始到2014年,城镇单位就业人员工资占比呈现正"U"形的变化趋势。难道我国工资占比的变化确实存在前面所述有些专家在研究中所得出的劳动报酬占比的必然变化趋势,而且这种变化趋势应该在工资占比变化中提前应验?但是,从金融机构工资性支出占GDP比重的角度进行观察,却得不出这样的结论,与之相反的是,这项指标数据变化展现出了一种倒"U"形的变化轨迹。① 整体来看,这项指标数据从1978年的17.0%波动上升到1994年23.2%的最高点,此后又在波动中逐渐降低到2009年的12.3%这个历史最低点。

从表2-1可以发现,城镇单位就业人员工资占GDP比重的变化状态与这部分就业人群在城镇整体就业人群中比重的变化状态有很大关系。从城镇单位就业人员占城镇全部就业人员比重指标的变动情况看,1978年以来也呈现一个正"U"形变化形态。1978～2010年是一个逐渐下降的趋势,以后又出现回升。因此,我们可以看到这样一种有意思的现象,即城镇单位就业人员工资占GDP比重与城镇单位就业人员占城镇全部就业人员比重这两个指标的相关性比较明显,其相关系数在0.8以上。改革开放以来,我国多种所有制经济快速发展,经济结构发生重大变化,特别是二、三产业相对发展较快,就业结构必然发生相应变化,从而促使工薪就业者数量持续增加,队伍不断扩大,而且在全部就业人员中所占比重上升较快。但是,传统性的工资、就业统计指标和统计方法有很大局限性,有些方面已不能适应新形势和新情况的变化,从而导致我们一直不清楚在一定时期内挣取工资收入的城乡就业者到底有多少,《中国统计年鉴》和《中国劳动统计年鉴》中的职工工资总额指标或城镇单位就业人员劳动报酬总额指标都无法全面准确地反映各类经济和社会组织支付给城乡工薪就业者的全部工资或全部劳动报酬,更不可能全

① 由于目前可以找到的数据截止到2009年,所以以后年度的变化状态无法推测。

面准确地反映属于人工成本的全部支出。目前，我国在宏观上最能接近反映全部工薪就业者工资报酬的统计指标只有金融机构的工资性支出。这个指标是指在银行开户单位的所有工资、奖金支出及对个人的其他支出。但是其中包括的内容比较庞杂，其既包括了各类用人单位的工资支出，也包括了工资以外其他人工成本的部分支出（如外商投资和私营企业的社会保险、职工福利、劳动保护、其他各类奖励和劳务费用等），还包括了大量的不属于工资或工资以外其他人工成本支出的项目（如部队存款支出、拆迁补偿、犯人的生活费及收容遣散费等支出）。更为重要的是，从过去到现在，社会上很多用人单位对就业人员支付的工资并没有通过金融机构并从其工资性支出项目中反映出来，而是通过其他渠道或项目支付的。因此，我们可以发现，无论是从内容还是从统计范围上，依据金融机构工资性支出占 GDP 比重的指标数据，同样不能全面真实地反映过去和现在的工资和劳动报酬占比。

（二）对我国工资和劳动报酬占比的估算结果

要全面真实测算我国工资和劳动报酬占比的一个重要前提条件是掌握城乡全部工薪就业者数量、工资及劳动报酬总额数据。从国际规范的统计角度看，无论是工资还是劳动报酬，都是从所谓的雇用者（即我们常说的工薪就业者）的角度进行计量的，其中不包括自主经营的农户和个体工商业者甚至自由职业者。工资是劳动报酬统计中最主要的成分，除此之外，劳动报酬还包括了雇主对于雇用者的各项社会保险支出和其他的各种福利性支出这两个部分。可以发现，对于这些必不可少的统计数据，在我国现有统计资料中还找不到，而且也很难通过其他数据加工出来。

在第一章中，笔者对 2008 年和 2013 年我国城乡就业者工资水平进行了初步估算，其中涉及对城乡就业者的数量及其工资总额规模的估算。在此基础上，我们可以进一步估算这两个年度我国工资和劳动报酬占 GDP 比重的大体情况。经过估算，2008 年我国城乡就业者工资占 GDP 的比重大约为 22.1%，高于当年城镇单位就业人员工资占比 10.9 个百分点；2013 年我国城乡就业者工资占 GDP 的比重大约为 30.8%，高于当年城镇单位就业人员工资占比 14.4 个百分点。在这 5 年间，我国工资占比大约上升了 8.7 个百分点，与同期城镇单位就业人员工资占比呈现上升趋势相一致，只是上升幅度更大一些。目前按照国际同口径估算我国城乡工薪就业者劳动报酬占 GDP 的比重仍然存在的主要障碍是，我们难以找到包括城乡全部工薪就业者的由用人单位承担的社会保险和相关福利性支出数据。为此，我们只能寻找可替代的相关数据。我国部分地区对企业人工成本信息的调查统计工作已经持续了较长时期，所调查统计的人工成本中包括企业工资总额、社会保险费用和职工福利费用等七个项目，因此我们可以从中得到用人单位负担的社会保险和福利性支出相当于工资的比例，并使用这个比例对劳动者报酬进行整体推算。虽然目前对人工成本的调查统计工作是在各个地区进行，至今尚未形成全国汇总后的数据，但我们可以先使用调查统计工作基础较好的个别地区数据进行推算。根据我国多数地区人工成本调查统计数据所反映出来的人工成本总额中的社会保险费用和福利费用大约相当于工资总额 40% 左右的现实情况，笔者据此在估算的城乡就业者工资总额基础上，再按照 1.4 的系数估算同期城乡就业者的劳动报酬总额。以此推算全国劳动报酬占 GDP 的比重 2008 年大约是 31%；2013 年大约是 43.2%。

　　综合起来分析，目前我国工资占 GDP 的比重已经超过 30%，劳动报酬占 GDP 的比重已经超过 40%。随着城乡工薪就业者队伍的持续扩大，或如国外机构所说的雇用比例上升，我国工资和劳动报酬这两个占比近一时期应当处在一个逐渐上升的通道之中，而且至今并没有显示出明显的上升停歇迹象。

三　工资和劳动报酬占比的国际比较

按照国际通行的计量方式，一个国家全部雇员的工资和劳动报酬总额占国内生产总值（GDP）的比重只是表明一个国家全部就业人员在当期所创造的全部财富价值以工资和劳动报酬形式向全部雇员分配比例的大小。因此，全部雇员的工资占比和劳动报酬占比的大小首先与雇员在一个国家全部就业人员中的比重大小存在密切关系。一般情况下，雇员在全部就业人员中的比重越大，这类人员的工资总额和劳动报酬总额在一个国家的新增财富价值中显示出来的比重就越大，即这类人员从新增财富价值中分享到的份额就应当越大。当然，这是一个重要的决定因素，但不是唯一的影响因素，其他影响因素中还涉及新增财富价值的产业构成、不同产业中的雇员分布、国民经济增长方式、企业生产经营方式和工资收入分配方式等。

对一个国家全部雇员的工资和劳动报酬宏观占比进行全要素透彻分析确实非常复杂，而且需要比较翔实的数据给予支持，因此难度很大。在前面的分析中我们可以了解到，由于我国相关统计数据要么过去就没有，要么口径不一且较为散乱，要么经常出现时序上的中断，因此在这类分析中无法提供足够的数据支持，现在只能对部分年份的工资和劳动报酬占比进行粗略的估算。

（一）前期和近期的国际比较

表 2-2 使用了对我国 2008 年工资和劳动报酬占比数据的估算结果，并与部分国家 2007 年的数据进行了比较。在工资占比的国际比较中可以发现，2008 年我国工资占比还比较低，在表中所列出的国家中是最低的，要比欧美发达国家平均值低 20 个百分点左右，甚至比拉丁美洲的哥伦比亚还要低 7 个百分点。再看劳动报酬占比的国际

比较，2008 年我国劳动报酬占比也是比较低的，同样要比欧美发达国家平均值低 20 个百分点左右，但与表中部分发展中国家相比，却没有显示出较大的差距，如我国只比哥伦比亚低 4.2 个百分点，比墨西哥还高出 2.2 个百分点。这说明，与欧美发达国家相比，2008 年我国工资和劳动报酬占比确实都很低。但是，与发展中国家同期相比，虽然工资占比同样偏低，但由于国内企业的社会保险和员工福利支出比例相对较大，所以汇总后的劳动报酬占比并没有显示出如同工资占比那样的偏低现象。

表 2 - 2　我国与部分国家工资和劳动报酬占比的前期状况比较

单位：%

国　别	年　度	工资占比	劳动报酬占比	雇员比例
中国	2008	22.1	31.0	46.9
美国	2007	45.7	56.5	92.8
德国	2007	42.8	52.9	87.9
英国	2007	48.7	58.7	86.7
法国	2007	41.4	56.1	91.0
意大利	2007	31.1	42.7	73.6
澳大利亚	2007	46.8	52.2	75.6
韩国	2007	—	48.6	68.2
墨西哥	2007	—	28.8	65.9
捷克	2007	32.8	43.6	83.8
波兰	2007	35.0	41.7	76.5
哥伦比亚	2007	29.7	35.2	53.9
匈牙利	2007	40.0	51.8	87.4
爱尔兰	2007	42.2	45.5	83.3
葡萄牙	2007	41.8	53.2	75.5

资料来源：根据部分国家统计资料和国际组织提供的数据库数据整理。

对表 2 - 2 中相关数据进一步分析可以发现，各个国家的工资和劳动报酬占比高低与本国雇员在本国全部就业人员中的比例大小有明显的相关性。经测算，不论是否包括中国在内，这些国家的工资占比与雇员比例的相关系数都高于 0.6，劳动报酬占比与雇员比例的相关系数更是接近 0.8。如果分类观察，我们也可以发现其中的规律。欧美经济发达国家的工资占比大都高于 40%，劳动报酬占比大都高于 50%，这些国家的雇员比例则大都高于 80%，甚至超过 90%。相反，发展中国家（如墨西哥、哥伦比亚、中国）的工资占比和劳动报酬占比者都相对较低，同时其雇员比例也大都低于 70%，甚至低于 60%（见表 2-3）。

表 2-3 我国与部分国家工资和劳动报酬占比近期状况比较

单位：%

国 别	年 度	工资占比	劳动报酬占比	雇员比例
中国	2013	30.8	43.2	63.8
美国	2012	44.3	55.1	93.2
德国	2012	45.7	56.1	88.8
英国	2012	46.7	57.2	85.4
法国	2012	42.7	58.3	90.3
意大利	2012	32.3	44.4	74.8
澳大利亚	2012	46.6	51.8	89.4
日本	2012	—	52.0	88.2
韩国	2012	—	47.9	71.8
俄罗斯	2012	33.2	42.4	92.7
墨西哥	2012	—	27.9	66.3
捷克	2012	34.8	45.7	81.5
波兰	2012	35.1	42.0	77.6
哥伦比亚	2012	28.9	35.2	45.8
匈牙利	2012	41.1	50.7	88.2
爱尔兰	2012	39.9	42.4	83.3
葡萄牙	2012	39.9	51.1	77.9

资料来源：根据部分国家统计资料和国际组织提供的数据库数据整理。

表 2-3 反映了包括我国在内的 17 个国家的工资占比和劳动报酬占比情况。从该表中，我们可以发现，在 2008 年到 2013 年这个时期内，我国工资和劳动报酬占比有了较大幅度的上升，但其他经济发展程度不同的国家的工资和劳动报酬占比总体格局在 2007 年到 2012 年这个时间段内并没有发生较大改变。2012 年，欧美经济发达国家的工资占比仍然多数保持在 40% 以上，劳动报酬占比仍然多数保持在 50% 以上；那些经济上还不是很发达的几个欧洲国家的工资占比则仍然保持在 30%～40%，劳动报酬占比则仍然保持在 40%～50%；那些经济发展程度相对偏低国家的工资占比则仍然在 30% 左右，劳动报酬占比则仍然在 40% 以下。2008 年到 2013 年的 5 年间，我国工资占比上升了 8.7 个百分点，劳动报酬占比上升了 12.2 个百分点。反观表中列出的其他国家的工资占比和劳动报酬占比的变动幅度，则大都在 1～2 个百分点。可见，这一时期我国工资和劳动报酬占比的变动幅度要比其他国家大得多。这期间，我国经济增长速度仍然很快，在国际上仍然处于领先水平，工业化进程在持续，经济结构发生了很大变化，与之相呼应的是工薪就业者队伍的扩充速度也非常快。在这 5 年间，我国雇员比例总计上升了 16.9 个百分点，比工资和劳动报酬占比的上升幅度还要大。这与表中所列国家的雇员比例 5 年间变动幅度大都只有 1～2 个百分点形成了更加鲜明的对照。

在这 5 年间，我国工资和劳动报酬占比上升速度较快，缩小了与欧美经济发达国家的差距（尽管现在的差距仍然在 10 个百分点左右），基本脱离了原来工资和劳动报酬两个占比都相对偏低的状态，也因此进一步印证了我国经济社会已经迈上了一个新的更高的发展平台。

（二）工资和劳动报酬占比变动规律

一个国家的工资和劳动报酬占比在经济社会不同发展阶段到底

会出现怎样的变动轨迹？这种变化是受哪些因素支配的？各类影响因素的影响程度又有多大？对此，现有经济理论还没有给出明确的、并令人信服的解答，至今仍然是一个待解之谜。

这里不妨以日本为例。根据对收集到的现有相关数据资料进行加以整理，观察分析 20 世纪 50 年代以来的工资和劳动报酬占比的变动状况，再进一步观察分析雇员比例的同期变动状况，并且从它们在经济发展不同阶段的走势当中分析其相互间的影响关系（见表 2 - 4）。

表 2 - 4　1955 年以来日本工资和劳动报酬占比变动状况

单位：%

年　　度	工资占比	劳动报酬占比	雇员比例	工资占劳动报酬比重
1955	—	41.1	43.5	—
1960	—	40.5	53.4	—
1965	42.2	44.3	60.8	95.3
1970	41.7	43.6	64.9	95.6
1975	51.6	55.1	69.8	93.5
1980	48.7	53.3	71.7	91.2
1985	46.8	52.8	74.3	88.7
1990	45.1	51.3	77.4	87.8
1995	46.3	53.6	81.5	86.3
2000	45.1	52.8	83.1	85.5
2005	43.1	50.4	84.8	85.6
2010	42.7	50.5	87.3	84.6
2011	43.8	52.0	87.6	84.2
2012	43.4	51.8	87.8	83.8

资料来源：根据日本政府及研究机构相关统计资料加工整理。

经过战后恢复期，日本从 20 世纪 50 年代逐步走上了经济发展的快车道，60 年代实施"国民收入倍增计划"后，又进一步促进了经济的高速增长，直到 70 年代中期，经济发展才逐渐减速。从表2 - 4我们可以发现，1955~2012年，从总体趋势上看，日本的工资占比和劳动报酬占比都走出了一个倒"U"形曲线，而且顶点都出现在1975年。在1975年以前日本经济处于快速发展时期，工资占比和劳动报酬占比都在波动中逐渐上升；在1975年日本经济转入低速的增长期后，工资占比和劳动报酬占比都在波动中逐渐下降。根据表中雇员比例同期变动情况观察，在1975年前这一阶段，日本工资占比和劳动报酬占比的逐步抬升与雇员比例快速上升相伴随。这应该可以在一定程度上证实前文得出的工资和劳动报酬占比高低与雇员比例大小密切相关的结论，即工资和劳动报酬占比的上升在很大程度上受到雇员比例上升的影响。但是，根据表2-4我们还能够发现，1975年以后，日本的雇员比例仍然在持续上升，进一步从70%上升到将近90%，而工资占比和劳动报酬占比却并没有再随之上升，而是经历了一个下降过程，然后工资占比逐步稳定在43%左右，劳动报酬占比逐步稳定在51%左右。

其实，一个国家工资和劳动报酬占比的历史变动，不但受到一般性规律的制约，而且与这个国家的特殊环境和发展经历有很大关系。一个国家某个阶段的某些现象并不一定就具有普遍性。比如，日本工资和劳动报酬占比的倒"U"形变化历程就不是一种普遍性规律。因为，在20世纪70年代初发生的石油危机，给资源贫乏但经济仍在快速增长的日本经济带来了沉重打击，当时日本雇员的工资水平伴随前期经济快速增长在国家政策引导下[1]有意调整到发达国家的平均水平之后，石油危机带动的物力成本大幅度上升严重削弱了企业和整体经济的附加值，但在通货膨胀开始蔓延的同时，较高的工资和劳动报酬增长速度一时无法抑制，或者能够被生产率的快速上升及时给予吸收，因此，这时工资和劳动报酬占比必然出现较大幅

---

[1] "国民收入倍增计划"中的一个重要意图就是要将工资提高到与经济水平相称的发达国家的平均水平。

度的上升，这就在 1975 年前后产生了所谓的上升顶点。此后的工资
和劳动报酬占比在波动中逐步下降到一个相对稳定的状态，也不过
是经济政策和经济实态进一步调整的结果。

我们可以从日本工资和劳动报酬占比的历史变动中发现几点具
有普遍规律性的认识：首先，在一个国家工业快速发展并进一步带
动第三产业发展且使第一产业比重相对降低的发展阶段，必然会推
动以工资和劳动报酬为生活依靠的雇员比例以较快速度上升，进而
推动全社会雇员的工资和劳动报酬份额在国民经济新创造价值中的
份额出现明显的并且是持续性的上升，其表象就是工资和劳动报酬
占比的逐步上升；其次，一个国家经济发展在进入一个新的层次或
新的国际竞争平台之后，受本国自身条件、发展战略和其他各种因
素的影响，其雇员的工资和劳动报酬水平也会逐步寻找到一个新的
定位，并将雇员的工资和劳动报酬占比逐渐磨合到一个与之相适应
的程度，其表象就是工资和劳动报酬占比会在波动中逐渐稳定下来；
最后，一个国家在发展进程中，特别是在向经济发达国家发展的进
程中，雇员劳动报酬中的工资比重会相对降低，其中的社会保险和
员工福利部分的比重将相对上升，其表象就是雇员劳动报酬占比的
变动特征更加醒目也更具有代表性。如果做进一步的归纳，一个国
家的工资和劳动报酬占比的历史变动轨迹或变动规律应当是台阶式
的，在某个阶段上升到一定程度后，就应当寻求一个符合国情的相
对稳定局面。随着国民经济持续发展，还应当监控工资占比的动态
变化，特别是劳动报酬占比的动态变化。

四　对未来趋势的基本判断

在现状分析和国际比较的基础上，我们可以对我国工资和劳动
报酬占比的未来趋势做出基本判断。结合我国经济社会发展新常态

下的新情况和新问题，进一步分析影响工资和劳动报酬占比变动的相关因素，为正确认识与合理引导工资和劳动报酬占比未来走向提供可靠的依据。

（一）总体趋势

2013 年，根据国际货币基金组织的计算，我国人均 GDP 超过 6000 美元，跻身中等偏上国家行列。当年，我国工资占比已经高于一般发展中国家，已接近那些在发达国家周边徘徊的国家。我国雇员比例也同样处于这样一个局面。所以，根据这些情况判断，我国劳动报酬占比在 2013 年已经处于符合基本国情的水平上，并不存在偏低的问题。从此后我国经济发展走势看，GDP 增速虽然有所减缓，但在国际上仍然保持了相对较高的增长速度，而且城镇化进程也比以前更快了，工薪就业者队伍也必然保持长期较快扩大的态势。因此，我国工资和劳动报酬占比具有继续上升的可能性，并预计在今后人均 GDP 超过 10000 美元且进入发达国家门槛后，工资和劳动报酬占比也会与同样处于这一发展阶段的国家不相上下。

（二）新常态下的影响因素

我国工资和劳动报酬占比逐步上升必定是一个伴随经济社会发展上台阶的持续过程。但是，在我国经济社会发展进入新常态后，这个进程也会遇到一些困难和风险。

我国经济社会发展新常态的第一个明显特征是，经济增速由过去的高速增长或者是超高速增长转向中高速增长。从其他国家及地区经济发展历史进程看，一个国家或地区经历了在某一时期经济持续高速增长后出现较明显的增速回落是一个较为普遍的现象。也就是说，经济发展到一定阶段后往往需要寻求新的发展路径，需要新动能及相关条件的支持，所以难免会出现经济增速的"换挡"。从

2015 年我国 GDP 仍以 6.9% 的速度增长来看，其不仅远高于同期经济发达国家，而且在发展中国家当中仍然是名列前茅。第二个明显特征是，发展方式由规模速度型粗放增长向质量效率型集约增长转变。这是实现经济大国向经济强国转变的关键所在。第三个明显特征是，产业结构由制造业及第二产业快速扩张向服务业及第三产业快速扩张转换。2013 年我国产业结构出现了一个重大变化，即第三产业（服务业）增加值占 GDP 的比重达到 46.1%，首次超过了第二产业，这标志着与经济发展和社会需求相适应的新型经济结构的开启。由于第三产业的劳动或人力资本密集程度相比第一、第二产业要高，工资和劳动报酬在其新创造价值中的比重相对较大，所以这一产业比重的持续上升对工资和劳动报酬占比上升也会产生较大的促进作用。尽管我国目前第三产业的比重仍然不高，与美国等发达国家 80% 以上的比重相比差距还很大，还有很大的上升空间。发达国家工资和劳动报酬占比相对较高是与其第三产业或服务业比重较大紧密相关的。第四个明显特征是，增长动力由要素驱动向创新驱动转换。习近平总书记在中央政治局第九次集体学习时强调，我们必须增强忧患意识，紧紧抓住和用好新一轮科技革命和产业变革的机遇，不能等待、不能观望、不能懈怠。随着我国劳动力、资源、土地等价格上扬，过去依靠大量资源投入和低成本驱动的经济发展方式已难以为继，必须把发展动力转换到科技创新上来。在我国经济新常态下，实施创新驱动战略，经济增长速度可能会放缓，要为结构调整腾出空间、留出时间。第五个明显特征是，各种要素的配置由市场起基础性作用向起决定性作用转换。各种要素的流动配置由市场决定是市场经济的基本规律，政府宏观调控是在遵循这一基本规律的基础之上，引导市场主体更合理、更有效地形成要素组合，以达到优化配置和充分利用的最终效果。第六个明显特征是，新创造价值的分配由更多倾斜于资本要素向各种经济要素包容共享转变，尤其是与人力资本积累和贡献相适应的工资和劳动报酬份额将逐步加大。

从未来趋势看，阻碍工资和劳动报酬占比合理有序提升的困难与风险有如下几个方面。

一是经济发展的停滞或衰退。我国经济发展速度可以低一些，但重要的是这个过程中应当实现发展新动能的转换，否则就会出现停滞不前甚至滑坡的危险。进一步分析，如果新的经济增长动能在未来经济发展过程中难以支持人均 GDP 水平持续提高，工资和劳动报酬占比的变化就可能出现人们都不愿见到的情况：一种情况是较为严重的"滞胀"会推动工资和劳动报酬以高于经济增速的速度惯性增长，导致工资和物价螺旋式上升，工资和劳动报酬占比当然也会相应上升，但雇员比例不见提高甚至有所下降，这是有的国家在经济减速后曾短期出现过的一种现象；另一种情况是经济增长徘徊不前，雇员比例还在逐步上升，但工资和劳动报酬占比出现低位停滞甚至有所下降的局面，这表明雇员的工资和福利很难继续提高甚至会被削弱，从而使企业等用人单位被动适应较为漫长的经济困境；还有一种罕见而且更差的情况，就是在经济出现持续衰退过程中，很多企业倒闭或大量裁员，雇员比例大幅下降，带动工资和劳动报酬占比快速下降。

二是经济结构调整和动能转换难以达到预期目标。在新常态下，经济结构调整和动能转换是促进未来经济持续增长的两大重要因素，而且这两个因素之间也存在密切关联。我国改革开放以来，依靠低廉的人工成本，凭借广阔的市场空间，通过引进外资，消化吸收先进技术，国民经济得到持续快速发展，一举成为首屈一指的制造业大国。如今，与周边发展中国家相比，我国人工成本已不再低廉，原有制造业方面的一些优势正在消失，传统产品的市场空间难以继续拓展。因此，在继续向发达国家门槛迈进的过程中，我国必须转变经济发展方式，更多地依靠提高人力资源质量，以及技术、产品和制度创新，进一步激发经济增长和产业升级的活力。如果我们在失去原有发展优势和动力的同时，不能获得新的发展优势和动力，那么很可能真的掉入所谓的"中等收入陷阱"，工资和劳动报酬占比也不可能逐步上升到与发达国家相适应的水平。

三是新型城镇化难以顺利推进。中共中央、国务院印发的《国家新型城镇化规划（2014—2020 年)》明确指出，城镇化是现代化的必由之路，是保持经济持续健康发展的强大引擎，是加快产业结构转型升级的重要抓手，是解决农业、农村、农民问题的重要途径，是推动区域协调发展的有力支撑，是促进社会全面进步的必然要求。推进新型城镇化建设对稳步提高工资和劳动报酬占比很有好处。城镇化建设可以继续扩大非农产业特别是服务业范围，促进农业形成更大的产业化规模。这不仅仅是增强我国经济发展的根本动力、扩大内需的最大潜力，而且推进城镇化建设过程本身就是不断扩充工薪就业者队伍的过程。因此，在这个进程中，经济增长、产业结构升级和雇员比重上升等都是相互伴随的，并由此带动工资和劳动报酬占比稳步提高。目前我国常住人口城镇化率为 53.7%，户籍人口城镇化率只有 36% 左右，不仅远低于发达国家 80% 的平均水平，也低于人均收入与我国相近的发展中国家 60% 的平均水平，所以我国的城镇化确实还有较大的发展空间。

五　调节工资和劳动报酬占比的措施

我国在努力走向发达国家行列的进程中，工资和劳动报酬占比也应当走出一条逐步上升的路径。但是，这个过程一定要有原则、讲条件，不能操之过急，不能人为拔高。

（一）坚持"两同步"原则

在工资收入分配领域，我们国家在工资调控中曾长期坚持"两低于"的原则,即职工工资总额增长低于企业经济效益增长、职工工资水平增长低于劳动生产率增长。在这个原则之下,企业员工及全社会员工的工资收入增长被控制得非常严格,其结果是,员工的工资收入长期徘徊于较低水平,新创造价值的分配更多地向企业和政府方面倾斜,经济增长更多依靠企业和政府投资拉动,居民消费需求的拉动作用很有限,由那些依靠工薪收入生活的劳动者家庭所能凭借的可支配收入形成的消费需求的拉动作用则更为有限。"两低于"原则在经济恢复、加速建设、资本稀缺和人工成本过高时期可以遵循,但长此以往,劳动分配率将持续降低。这种经济增长方式和利益分配方式对劳动要素显然有失公平,这样形成的利益分配格局并不符合我国社会经济的发展目标。为促进国民经济持续健康发展与社会和谐稳定,党的十七大报告中首次提出了"提高劳动报酬在初次分配中的比重"的要求。自此,"两低于"原则开始淡出,"两协调"的原则逐步得到人们的认可。党的十八大报告中进一步提出,努力实现居民收入增长和经济发展同步、劳动报酬增长和劳动生产率提高同步,提高居民收入在国民收入分配中的比重,提高劳动报酬在初次分配中的比重。党的十八届三中全会通过的《中共中央关于全面深化改革若干重大问题的决定》提出将着重保护劳动所得、努力实现劳动报酬增长和劳动生产率提高同步、提高劳动报酬在初次分配中的比重,作为形成合理有序的收入分配格局的一项重要举措。

在当前形势下,无论在微观层面还是宏观层面,努力实现工资和劳动报酬水平的增长与企业和社会劳动生产率的增长保持协调关系都非常重要。目前我国工资和报酬占比基本已调整到了与国情相符的程度,根据新常态下经济社会发展环境与供给侧结构性改革的重大任务,注重保持工资和劳动报酬水平与生产率水平的协调或同步增长非常必要,工资和劳动报酬水平的过低和过快增长都会给经济发展带来负面影响。在这一时期内，根据相关因素变化，稳步提高劳动报酬在初次分配中的比重，稳步提高工资和劳动报酬占比是非常重要的。今后，我国工薪就业者队伍还将持续扩大，所谓雇员比例也将逐步上升，同时意味着这部分劳动者或劳动要素投入在国民财富创造当中的比重将逐步上升，因此在国民财富分配当中的比重也应当逐步上升。对于政策制定者和宏观调控者来说，就要坚持上述原则，并根据相关因素和条件变化，对这一过程进行合理有效的监测、引导与调控。

（二）对工资和劳动报酬占比进行动态监测

我国现有的各类统计资料所能提供的相关数据还不能对工资和劳动报酬占比进行准确、及时的监测。在我国有关人力资源和就业情况等统计资料中，一直缺少很多欧美国家和国际机构那样的对于雇员整体情况的统计数据。雇员或工薪就业者是一个国家全部就业者中一个非常庞大的就业群体，一个国家工业化程度越高则就业群体越大、比重越高。雇员与雇用者是相对的，雇员按照约定条件和相关程序，通过向雇用者提供劳动获得相应的工资和劳动报酬，维持本人及其家庭的生活，从而与其他就业人员相区别。但由于我国在各种就业统计资料中没有对雇员或工薪就业者的专项统计，在现有资料中剔除其他类型就业者以准确掌握其存量、变量和结构等内容是一件比较困难的事情。根据第一章的分析，我国在雇员或工薪就业者的工资和劳动报酬统计方面同样面临这些问题，除了对个别年度的数据进行估算之外，我们仍然不能掌握我国全体雇员或工薪就业者的工资和劳动报酬的存量、增量和结构等方面准确、连贯的数据。因此，我国应尽早改变这种状况，对现有就业、工资和劳动报酬统计指标体系进行改进完善，填补有关工薪就业者就业、工资和劳动报酬等方面的指标与数据的缺失，这样才能为我国工资和劳动报酬占比的监测工作提供必要的基础条件。

对我国工资和劳动报酬占比的变动情况进行监测，要重点关注那些对此影响较大的相关指标的变动情况。一是制造业工资成本指数或人工成本指数，其关系到微观层面工薪就业者的工资和劳动报酬能否保持与劳动生产率的同步协调增长状况；二是全社会的雇员比例或工薪就业者占全部就业人员的比重，从事第三产业的工薪就业者在全部工薪就业者中所占比重，其关系到对于工资和劳动报酬占比适度上升幅度的基本判断；三是人均 GDP 水平和城镇化的提升速度，其关系到对于工资和劳动报酬占比长期变动趋势的合理判断和正确把握。

（三） 加强引导与调节

在经济社会发展新常态下，加强对我国工资和劳动报酬占比合理提升进程的引导与调节，需要改进完善全社会的工资和劳动报酬增长机制。改进完善企业工资增长机制，要以市场工资率调节机制为基础，促使市场竞争型企业特别是那些处于各行业领先状态的企业形成工资集体协商机制，确保企业员工工资和劳动报酬水平与本企业劳动生产率水平协调提升，通过市场工资率调节与传导作用，影响行业内部的其他企业合理安排工资和促进劳动报酬水平合理增长。对于那些需要由国家直接监管的国有企业，应加强与市场竞争型行业企业工资和劳动报酬水平增长的相互协调关系，以市场竞争型行业企业为参照，以本企业生产率提升为依据，合理安排本企业员工工资和劳动报酬增长水平。对于机关、事业单位，应加强与企业员工工资和劳动报酬水平增长的相互协调关系，以企业为参照，以全社会工资和劳动报酬水平的适度增长为依据进行合理安排。

在经济社会发展新常态下，加强对我国工资和劳动报酬占比合理提升进程的引导与调节，还需要改进完善政府宏观调控机制。在加快培育经济增长新动能的基础上，确定国民经济持续、健康、适度增长目标。确定的经济增长预期目标不一定很快，但应当高于发达经济体和发展中国家平均水平，而且具有可持续性，确保我国从中上等收入国家步入高收入国家的行列。在改进完善工资和劳动报酬的宏观调控机制方面，一是要合理、稳慎调整最低工资标准，在保障付出正常劳动的低薪劳动者及其本人应负担的家庭成员基本生活基础上，建立与新常态下经济运行、企业经营和成果分享等相适应的最低工资标准调整机制。各地区可以根据其目前规定的最低工资标准是否达到当地城乡就业者工资水平 40% 的基准点，再根据当地城乡就业者工资水平的增长幅度，相应安排最低工资标准适度调升幅度。二是要阶段性调整各项社会保险缴费水平，进一步规范各项社会保险的缴费基数，降低目前仍然偏高的社会保险缴费率，特别是降低低收入就业者的社会保险缴费负担，适当减轻企业的社会保险成本支出负担。三是实行政府工资调控与行业组织工资引导相互协作配合的方式，使工资指导线、人力资源市场工资价位和行业人工成本信息在主要行业领域产生更精确、实用的指导效果，以适应未来工资收入分配环境与条件更为复杂多变的趋势。四是加快集体协商、最低工资和工资支付保障立法进程，进一步完善工资分配法治环境，依法健全工资分配的协商决定机制、正常增长机制和支付保障机制，更好发挥政府依法调控职能。

第三章　工资成本指数变动及影响

一　工资成本指数的概念及意义

工资是企业人工成本支出的主体项目，与其他人工成本支出项目存在密切的联动关系。工资成本指数是工资指数与劳动生产率指数的比值，也就是工资水平和劳动生产率增量之间的对比关系，可以从中反映出工资水平与劳动生产率之间的相对变动情况。

按照经济学原理及社会共识，劳动生产率是工资水平的根本决定因素。企业或社会整体工资水平是高是低，在客观上要由劳动生产率的高低程度来决定。正如人们看到的，发达国家的工资水平高，发展中国家的工资水平低，两者之间可能相差几倍甚至几十倍，但只要你观察它们的劳动生产率水平就可以发现，两者在劳动生产率方面同样存在很大差距。对于发展中国家而言，与发达国家相比形成的工资水平和劳动生产率水平差距都不可能在短时间内消除，如果要缩小工资水平差距，则必须依靠缩小劳动生产率差距的方式来实现。一个国家或一个企业在发展中逐步提高工资水平的过程，实际上就是逐步提高劳动生产率水平的过程，只有凭借这个前提条件，发展中国家的员工工资水平才能逐步得到实实在在的提高。

无论在微观层面，还是在宏观层面，工资水平的变动都应当与劳动生产率变动保持长期协调关系。这种协调关系既有利于企业生存发展，也有利于国民经济平稳运行。

以一个企业为范例，假定目前各类人员的工资水平是根据市场合理价位确定的，企业的劳动生产率水平不仅能够承受员工目前的工资水平，而且还可以获得适度利润，那么说明企业的劳动分配率水平也是比较合适的。在企业其他因素相对不变的情况下，如果以后年度企业员工工资水平与其劳动生产率保持同步增长关系，则工资成本指数为零，即企业原有的工资成本负担程度保持不变，虽然员工工资水平提高了，但劳动分配率仍然保持稳定，既没有上升，也没有下降，从而使企业能够保持原有盈利水平，而且利润额还会有所增加，使企业在此基础上保持一种较平稳的发展状态。但是，在一定时期内如果企业员工工资水平的提升幅度高于同期劳动生产率的提升幅度，则工资成本指数就会相应上升，劳动分配率也会随之上升，这说明企业的工资成本负担程度在加大，或者在企业新创造价值中的分配比例在加大，在其他因素相对不变的情况下，企业盈利水平就会相应下降。如果工资成本指数上升幅度越大，持续时间越长，那么对企业盈利水平的削弱程度就会越大，直到工资增量逐步消耗掉企业的全部利润，就会使企业陷入经营亏损境地。第三种情况是，企业员工工资水平的提高幅度低于劳动生产率水平的提高幅度，工资成本指数为负值，表现出下降的状态，劳动分配率也会随之降低，这说明企业的工资成本负担程度降低了，或者在企业新创造价值中的分配比例降低了，在其他因素相对不变的情况下，企业的盈利水平就会相应提升。这是企业投资人和经营管理者最乐意看到的情况，如果该企业员工的工资水平提高幅度与社会整体工资增长相比并不逊色，与员工期望值基本相当，那这也是员工很高兴看到的情况。这时会有人提出，坚持工资水平与劳动生产率同步协调增长的原则，不如坚持工资水平低于劳动生产率增长的原则。

后者对企业的生存发展最为有利，也能兼顾劳资双方的利益。的确，在过去很长一段时期内，国家和企业都曾经坚持这样的原则。

从企业层面分析，坚持工资水平低于劳动生产率增长，对于企业积累资本或克服经营过程中遇到的一些困难可提供一个较为有利的条件，但长期这样做，会导致劳动分配率持续降低，使企业新创造价值中的工资分配份额逐渐缩小，特别是当员工的工资增长幅度偏低，不能达到社会增资水平，也不能满足员工基本预期和实际生活水平提高的话，对于企业持续提高劳动生产率水平，实现企业长期发展战略目标，并不是一种很有利的经营和分配方式。从企业经营管理长期趋势看，劳资双方的共识与合作更加重要，员工的收益分享意识在逐步增强，劳资双方在工资协商中可能会因为工资调整幅度问题出现明显分歧，始终难以达成共识，但如果双方都能够事先认定一个对企业而言较为适度的劳动分配率，在使之保持相对稳定的基础上进行对话与磋商，那么双方更容易达成共识，即使有分歧也容易弥合。

从产业、行业等宏观的层面进行分析，其中的道理基本相同。劳动生产率的提升仍然是工资水平逐步提高的决定因素和支撑力量，保持工资水平与劳动生产率协调同步增长，可以使各行业企业的工资成本相对稳定，让劳动生产率提高能够带来的收益消化吸收因工资水平提高所产生的人工成本绝对额支出增加的部分，从而有利于各行业企业保持较稳定的发展状态。在国家宏观层面，保持各行业企业工资水平与劳动生产率协调同步增长，有利于促进国民经济增长，努力保持充分就业、价格稳定和国际收支平衡，在维护宏观经济稳定运行的同时让劳动者合理分享改革发展成果，促进社会关系和谐稳定。

运用工资成本指数，可以从动态角度监测和分析工资水平与劳动生产率协调同步增长关系，特别是在我国人工成本统计分析还很不成熟的状况下，先从工资成本这个角度进行监测分析，有利于为政府宏观调控提供较好的工具和条件。

二　我国三次产业工资成本指数变动分析

按照国民经济三次产业划分方式考察劳动生产率和工资增长是一个新的视角，尚无现成的统计数据可以直接使用，更缺少相关研究成果可以借鉴。但为了从一个比制造业或其他重点行业更为宽广的领域观察分析我国各产业工资水平与劳动生产率协调同步增长的状况，现暂且在加工处理现有基础数据的基础上，尽量按照近似对比口径，对我国"十五"以来的三次产业劳动生产率和工资增长情况，以及相应的工资成本变动状况进行初步分析。

（一）三次产业劳动生产率增长状况

根据目前统计部门对国家全员劳动生产率指标的计量方式，我们可以使用按三次产业划分的 GDP 总量和指数，并且可以使用与之相对应的按三次产业划分的就业总量和指数，相应计算出我国三次产业劳动生产率及其名义和实际增长率，从而在宏观层面观察我国三次产业劳动生产率的变动状况（见表 3－1）。

表 3－1　三次产业劳动生产率的名义增长状况

单位：%

时　期	第一产业	第二产业	第三产业
2001	4.6	8.6	12.6
2002	4.1	12.7	8.2
2003	6.4	14.1	8.9
2004	28.1	12.8	9.6
2005	9.0	11.5	12.5
2006	12.3	11.3	14.8

时　　期	第一产业	第二产业	第三产业
2007	23.8	13.6	24.4
2008	20.9	16.3	14.7
2009	8.3	3.2	9.4
2010	19.0	14.7	15.1
2011	23.0	14.0	14.1
2012	13.8	3.5	11.4
2013	16.0	6.5	5.6
"十五"时期	10.1	11.9	10.4
"十一五"时期	16.7	11.7	15.6
2011~2013	17.5	7.9	10.3
2001~2013	14.3	10.9	12.3

注：本表数据根据《中国统计年鉴》中三次产业 GDP 和就业人数进行加工，未剔除价格变动因素。

从 2001~2013 年三次产业劳动生产率名义增长情况看，第一产业劳动生产率增长最快，分别比第二、第三产业高出 3.4 个和 2 个百分点。在"十五"时期，第一产业劳动生产率增长还慢于第二、第三产业，但从"十一五"时期开始，第一产业的劳动生产率开始持续出现高增长，而且此后几乎是三次产业中增长最快的。在同时期第一产业 GDP 增长速度一直慢于第二、第三产业的情况下，第一产业的劳动生产率能够如此快速增长，显然与这一时期该产业就业人数持续较快减少直接相关（从 2004 年后每年大约减少 1000 万~1500 万人）。这种情况虽然使第一产业劳动生产率水平相当于第二产业劳动生产率水平的比例有所提高，从 2001 年的 14.2% 上升到 2013 年的 21.9%，但不能忽视的是，目前我国第一产业劳动生产率的绝对水平仍然很低，与第二产业的差距仍然较大，其虽能支持第一产业工资增长得快一点，但不足以改变第一产业工资水平相对低下的局面。

值得注意的是，2010 年以来，随着第二产业和第三产业 GDP 增长速度逐渐出现回落态势，这两大产业劳动生产率增长速度逐渐减缓的态势更为明显，名义增长率不仅从两位数降到了一位数，而且2013年第二产业劳动生产率只略高于6%，第三产业还达不到6%。因劳动生产率增速本质上也是工资增速的风向标，所以在这种情况下两大产业的工资增速恐怕也将逐步回落。

根据表3-2，2001~2013年三次产业劳动生产率的实际增长率大体相当，都为7%~8%。在"十五"、"十一五"和"十二五"前三年这三个阶段，第一产业劳动生产率仍明显呈现逐步加速的状态，第二产业劳动生产率则呈现逐步降速的状态，而第三产业劳动生产率则大体呈现波动降速的状态。

表3-2　三次产业劳动生产率的实际增长状况

单位：%

时　　期	第一产业	第二产业	第三产业
2001	1.8	8.3	8.4
2002	2.2	13.7	6.3
2003	3.7	10.9	6.2
2004	10.5	5.9	4.6
2005	9.6	5.4	8.8
2006	9.9	6.6	10.8
2007	7.8	7.7	14.7
2008	8.2	7.9	7.4
2009	7.9	7.2	6.3
2010	7.9	8.3	7.8
2011	9.5	6.9	5.6
2012	7.9	4.7	6.5
2013	10.9	8.2	1.2
"十五"时期	5.5	8.8	6.9
"十一五"时期	8.3	7.6	9.4

时　期	第一产业	第二产业	第三产业
2011～2013	9.4	6.6	4.4
2001～2013	7.5	7.8	7.2

注：本表数据根据《中国统计年鉴》中三次产业 GDP 指数和就业人数进行加工，已剔除年度价格变动因素。由于该年鉴中的 GDP 指数与按其公布 GDP 绝对值的计算结果不一致，故出现第二、第三产业劳动生产率实际增长值反而高于名义增长值的情况。

值得注意的是：一方面，近几年出现了 GDP 名义和实际数据不相对应的问题，从而使有些年份第二产业和第三产业实际劳动生产率增长幅度可能被高估；另一方面，2013 年第三产业劳动生产率实际增幅只有 1.2%，出现这种状况确实令人担忧。

（二）三次产业工资增长状况

由于目前还没有与三次产业劳动生产率准确对应的同口径社会平均工资数据，所以在这里我们暂且使用城镇单位就业人员平均工资数据进行初步分析，以观察同期三次产业中城镇单位就业人员工资水平的基本走势（见表 3-3）。

表 3-3　三次产业名义工资增长率

单位：%

时　期	第一产业	第二产业	第三产业
2001	11.2	11.7	18.6
2002	10.4	11.2	15.4
2003	7.3	14.5	10.9
2004	8.7	13.2	13.8
2005	9.6	12.5	15.1
2006	12.2	14.5	14.6
2007	17.6	15.7	20.1
2008	15.5	18.3	17.5

续表

时　期	第一产业	第二产业	第三产业
2009	14.2	8.5	11.6
2010	16.0	14.4	12.1
2011	16.3	17.8	13.4
2012	15.7	11.9	11.8
2013	14.5	11.3	10.2
"十五"时期	9.4	12.6	14.8
"十一五"时期	15.1	14.3	15.1
2011～2013	15.5	13.6	11.8
2001～2013	13.0	13.5	14.2

资料来源：根据《中国统计年鉴》数据及三次产业划分标准进行整理。

从表3-3可见，2001～2013年，名义工资水平增长最快的是第三产业，其次是第二产业，第一产业则增长最慢，但增长速度的总体差别并不大。"十五"时期，第一产业工资增长也比第二、第三产业慢，而且增速差别较大。进入"十一五"时期，第一产业工资增长开始加速，与同期劳动生产率的增长态势基本相同，并且在"十二五"前三年呈现出在三次产业中工资增速最快的状态。这种情况的出现显然有利于缩小产业和行业之间目前较大的工资水平差距。第二产业名义工资增速在"十五"、"十一五"和"十二五"前三年总体稳定，没有大的起伏，与同期劳动生产率增长态势相同的是，"十二五"前三年第二产业名义工资增长也出现逐年减速的状态。第三产业名义工资增速与第二产业几乎完全相同，同样在"十二五"前三年中出现了逐渐减速的状态。

由于实际工资增速都是名义工资增速在剔除价格因素影响后形成的，所以三次产业实际工资增速的变动趋势与名义工资的变动趋势基本保持一致（见表3-4）。值得关注的是，在"十五"、"十一五"期间工资基本保持两位数增长后，在"十二五"前三年，第二产业和第三产业的实际工资增长速度已经逐步降到了10%以下，特别是由于第三产业内部行业众多，成分较为复杂，高工资行业与低工资行业并存，实际工资增幅如果下降幅度较大，很容易造成产业内部工资水平的进一步分化。

表3-4　三次产业实际工资增长率

单位：%

时　期	第一产业	第二产业	第三产业
2001	10.4	11.0	17.8
2002	11.3	12.1	16.3
2003	6.0	13.1	9.6
2004	4.6	9.0	9.6
2005	7.7	10.5	13.1
2006	10.5	12.8	12.9
2007	12.2	10.4	14.6
2008	9.1	11.7	10.9
2009	15.0	9.3	12.4
2010	12.3	10.8	8.5
2011	10.3	11.8	7.6
2012	12.8	9.0	8.9
2013	11.6	8.5	7.4
"十五"时期	8.0	11.1	13.2
"十一五"时期	11.8	11.0	11.9
2011~2013	11.6	9.8	8.0
2001~2013	10.3	10.8	11.5

资料来源：根据《中国统计年鉴》数据和三次产业划分标准进行整理。

（三）三次产业工资成本指数变动状况

工资成本指数可以反映相对工资成本水平的变动情况，是工资水平和劳动生产率水平相互影响和共同变动的结果，是劳动力市场领域的重要经济变量，对宏观经济也会产生一系列重要影响。工资成本指数上升，以小时计量的单位人工成本指数必然随之上升，以总量计量的劳动分配率也必然相应提高，投资回报率则可能出现逐步下降的状态，而且其对价格、投资和进出口等也会产生一定的负面影响；反之，则有利于支撑经济发展景气程度。

从表3-5可见，2001~2013年的十几年间，我国第一产业的名义工资成本指数呈现总体下降状态，但累积下降幅度并不大。第二产业和第三产业的名义工资成本指数都出现了较大幅度上升，第二产业累积上升了1/3，在三次产业中上升幅度最大；第三产业名义工资成本指数累积上升接近1/4，上升幅度小于第二产业10个百分点。

表3-5 三次产业名义工资成本指数

单位：%

时 期	第一产业	第二产业	第三产业
2001	6.3	2.9	5.3
2002	6.1	-1.3	6.6
2003	0.9	0.4	1.9
2004	-15.1	0.3	3.9
2005	0.5	0.9	2.3
2006	-0.1	2.9	-0.1
2007	-5.0	1.9	-3.5
2008	-4.4	1.7	2.4
2009	5.5	5.2	2.1
2010	-2.5	-0.3	-2.7
2011	-5.5	3.4	-0.6
2012	1.7	8.1	0.4
2013	-1.3	4.5	4.3
"十五"时期	-2.9	3.2	21.6
"十一五"时期	-6.7	11.9	-1.9

时　期	第一产业	第二产业	第三产业
2011～2013	-5.1	16.8	4.0
2001～2013	-14.0	34.9	24.1

资料来源：本表数据以国家全员劳动生产率和城镇单位就业人员工资水平为依据，按名义指数计算得出。

2001年以来，第一产业历年名义工资成本指数降多升少，特别是"十一五"以来下降幅度较大；第二产业只有个别年度的名义工资成本指数略有下降，绝大多数年度都在不同程度上升，而且从"十一五"以来上升幅度逐步加大；第三产业的名义工资成本指数在"十五"期间上升幅度较大，"十一五"以后处于有升有降的波动状态，即使有所上升，也远不如第二产业上升幅度大。

在不同价格因素的交互影响下，按照工资和劳动生产率水平的实际指数计算的年度实际工资成本指数与名义工资成本指数的变动状况会出现很大差别。从表3-6可以看出：2001～2013年的十几年间，我国第一产业的实际工资成本指数累积上升了近40%，与名义工资成本指数累积下降14%的情况完全相反；第二产业的实际工资成本指数累积上升了42.2%，略高于第一产业实际工资成本指数的累积上升幅度，且比其同期名义工资成本指数高出近8个百分点；第三产业实际工资成本指数累积上升了65.5%，是三次产业中上升幅度最大的，且比其同期名义工资成本指数高出40多个百分点。这说明，第一产业和第三产业劳动生产率的名义增长更多地依靠价格因素推动。

表3-6　三次产业实际工资成本指数

单位：%

时　期	第一产业	第二产业	第三产业
2001	8.5	2.4	8.7
2002	8.9	-1.4	9.5
2003	2.2	2.0	3.2

续表

时　期	第一产业	第二产业	第三产业
2004	-5.3	2.9	4.7
2005	-1.7	4.8	3.9
2006	0.5	5.8	1.9
2007	4.1	2.5	-0.1
2008	0.8	3.5	3.3
2009	6.6	1.9	5.7
2010	4.2	2.2	0.7
2011	0.8	4.6	1.9
2012	4.5	4.2	2.3
2013	0.6	0.3	6.1
"十五"时期	12.4	11.1	33.6
"十一五"时期	17.1	17.1	11.9
2011~2013	6.0	9.3	10.6
2001~2013	39.5	42.2	65.5

资料来源：本表数据以国家全员劳动生产率和城镇单位就业人员工资水平为依据，按实际指数计算得出。

2001年以来，第一产业历年实际工资成本指数不再是降多升少，而是升多降少，特别是"十一五"期间的上升幅度较大；第二产业历年实际工资成本指数仍然是升多降少，而且各时期与第一产业的变化状态基本相同，只是近期上升幅度略大；第三产业历年实际工资成本指数只有一年是下降的，其他年度均有不同程度上升，在"十五"期间上升幅度较大，"十一五"后上升幅度有所减缓，但"十二五"前三年上升幅度又逐年加大。

（四）结论

在上述分析中，由于实际参与第一产业生产经营活动的就业人数有可能高于统计人数（比如，部分不计入就业统计的老年人和向第二、第三产业转移的农民工仍然会不同程度地参与第一产业生产经营活动），所以第一产业的劳动生产率可能存在被高估的现象。虽然第一产业的劳动生产率和工资水平都很低，但增速加快可说明其潜力较大。第一产业规模生产、技术提升和政策保障进一步加强，有利于促使其生产率和工资保持较快增长并抑制工资成本上升。但是，第二产业和第三产业劳动生产率出现了较为明显的减速现象，特别是第二产业出现工资成本指数加快上升的现象应引起注意。这说明第二和第三产业工资增长的驱动力和支撑力都在逐步降低，今后一段时期促进工资与劳动生产率协调增长和工资成本指数基本稳定的难度正在不断加大。

三　我国制造业工资成本指数变动分析

制造业是现代市场经济国家的标杆行业，在国民经济中具有重要战略地位。发达国家和国际组织长期重视对制造业重要指标的动态监测，其中包括对劳动生产率、工资水平及人工成本等指标的动态监测。这类数据不仅影响各国政府和国际组织及时准确地判断宏观经济形势，更重要的是影响着企业的经营策略、投资意向和管理行为。我国改革开放以来，特别是实行市场经济之后，制造业发展迅猛，成效突出。尽管我国现已经成为国际上的制造业大国，但遗憾的是，适用于市场经济运行的统计监测制造业劳动生产率、工资水平和人工成本动态变化的基础工作依然薄弱。一是至今没有能够全面、真实反映制造业劳动生产率和工资水平情况的指标数据，不同类型企业的统计数据非常零散，尚未全面整合起来；二是现有劳动生产率和工资水平指标数据的统计范围各不相同，不能直接用于分析比较，否则会使分析结果出现偏差；三是现有各个时期和不同年度的数据普遍出现数据中断和缺漏现象，难以进行中长期的观察分析。因此，这里暂且使用目前能收集到的相关资料，对 2008 ~ 2012 年①我国制造业劳动生产率和工资水平及增长的总体状况进行初步分析。

（一）制造业劳动生产率总体水平及增长状况

2012 年，我国制造业增加值达到 16 万亿元。2008 ~ 2012 年这 5 年间，以当年价格计算，制造业增加值的年平均递增速度达到 13%。但是，要了解我国制造业总体劳动生产率水平及其增长状况，就要首先搞清楚如此规模庞大的制造业增加值到底是国内多少人生产出来的，但至今并没有现成答案。《中国统计年鉴》数据显示，2012 年城镇单位制造业就业人员有 4262 万人，但仅这部分人不可能生产出这么多的制造业增加值；如果真是这样的话，那么我国制造业劳动生产率水平将近 38 万元/（人·年），这是目前还达不到的水平。我们已知，上述就业者中尚不包括在私营制造业企业中的就业人数，2012 年是 2291 万人。如果将城镇非私营和私营两部分制造业就业人员加在一起，其劳动生产率水平也将近 25 万元/（人·年），这同样是现在难以达到的水平。实际上，创造出这 16 万亿元制造业增加值的至少应该包括城镇非私营单位、城镇私营单位和乡镇企业三部分制造业就业人员。如果将这三部分就业人员加在一起，2012 年国内制造业就业人员应当达到 1.3 亿人。其中，乡镇企业制造业就业人数最多，2012 年有 6600 多万人，大约相当于城镇非私营和私营单位制造业就业人数的总和。如果将上述三类制造业就业人员全部包括进来，我国制造业劳动生产率水平及增长速度应如表 3 - 7 所示。

---

① 由于前后年度数据出现缺漏，现只能用 2008 ~ 2012 年这 5 年的数据进行分析。

表 3 - 7　制造业总体劳动生产率水平及增长状况

年　度	增加值 （亿元）	就业人数 （万人）	劳动生产率水平 [元/（人·年）]	名义增长率 （%）	实际增长率 （%）
2008	102539.5	11653.4	87990.9	14.2	6.5
2009	110118.5	11799.0	93328.6	6.1	11.1
2010	130325.0	12179.5	107003.6	14.7	8.1
2011	150597.2	12856.4	117138.0	9.5	3.0
2012	161326.1	13231.4	121927.2	4.1	5.8

资料来源：根据《中国统计年鉴》和全国乡镇企业主要经济指标等相关资料整理。

从表 3 - 7 可以看出，2008～2012 年，我国制造业就业人数仍然呈现逐年上升状态，年平均增速是 3%；制造业劳动生产率水平由近 8.8 万元/（人·年）上升到 12.2 万元/（人·年），年平均增速是 9.6%，剔除物价因素后，实际年平均增速为 6.9%。在国际上，我国制造业在规模快速扩张的同时，其劳动生产率增长速度并不慢。值得注意的是，我国制造业劳动生产率的年度增长速度不大稳定，在各个年度间经常出现忽高忽低的增速变动现象。制造业劳动生产率名义增长率在 2010 年达到高点后出现了增速减缓现象，2012 年则降低到 4.1% 的新低点，只是因为价格指数影响，才将实际增速略微抬高到 5.8%；制造业劳动生产率实际增长率则是在 2009 年达到高点后就出现了增速减缓趋势，2011 年降低到 3.0% 的低点，2012 年又略有抬升。

（二）制造业工资总体水平及增长状况

同样在制造业企业就业，城镇非私营单位、城镇私营单位和乡镇企业就业人员的工资水平仍然存在较大的差别。以 2012 年为例，城镇非私营单位制造业就业人员的平均工资为 41650 元，城镇私营单位制造业就业人员的平均工资为 28215 元，城镇私营单位制造业就业人员平均工资仅相当于城镇非私营单位制造业就业人员平均工资的

67.7%；乡镇制造业企业就业人员的平均工资为 20355 元，仅相当于城镇非私营单位制造业就业人员平均工资的 48.9%。如果将这三部分就业人员汇总后的工资水平作为我国制造业就业人员的总体工资水平，2012 年则是 28547 元，它略高于城镇私营单位制造业就业人员的工资水平，但仅相当于城镇非私营单位制造业就业人员工资水平的 68.5%。可以发现，在制造业内部，三类制造业企业的工资差距超出 1 倍，这说明制造业内部存在工资差距较大的问题。这种现象既与乡镇制造业企业劳动生产率水平较低有关，也与乡镇制造业企业的劳动分配率较低有关（见表 3 - 8）。

表 3 - 8　制造业总体工资水平及增长情况

单位：元，%

年　度	城镇非私营企业平均工资	城镇私营企业平均工资	乡镇企业平均工资	全部制造业平均工资	名义工资增长率	实际工资增长率
2008	24404	15911	11901	16493	14.0	7.7
2009	26810	17260	13044	17869	8.3	9.1
2010	30916	20090	14183	20333	13.8	10.2
2011	36665	24138	18193	25357	24.7	18.3
2012	41650	28215	20355	28547	12.6	9.7

资料来源：根据《中国统计年鉴》和全国乡镇企业主要经济指标等相关资料整理。

从表 3 - 8 可以看出，2008～2012 年，我国全部制造业就业人员的名义工资水平增长速度很快，5 年的平均增速达到 14.6%，使工资水平在 2007 年的基础上大约翻了一番。同期，城镇非私营制造业企业平均工资的年平均递增速度为 14.5%，城镇私营制造业企业平均工资的年平均递增速度为 14.8%，乡镇制造业企业平均工资的年平均递增速度为 14%。可以发现，这三类制造业企业就业人员的工资水平增长速度都比较快，而且增速较为接近。同期，我国全部制造业就业人员的实际工资水平增长速度也很快，年平均递增速度达到 10.9%。三类制造业企业的实际工资增速差距应当与名义工资增速差距相同。

在这5年间，我国制造业就业人员的总体工资水平每个年度的增长速度都比较快，个别年度还出现了较大的跳跃现象。以名义工资增长率为例，除了2009年因受国际金融危机影响使其工资增速降到10%以下，其他年度的工资增速都在10%以上，2011年的工资增速甚至高达24.7%。剔除消费价格影响因素后，全部制造业就业人员各年度实际工资增长率比名义工资增长率要均衡一些，只有2010年和2011年的工资增长速度高于10%，且2011年的工资增速超过18%，明显出现了过度跳跃现象。

（三）制造业相对工资成本变动情况

观察分析制造业相对工资成本一般有两个重要指标，一个是劳动分配率，另一个是人工成本指数。劳动分配率主要反映静态情况，人工成本指数则主要反映动态情况。长期以来，部分发达国家和国际组织将制造业的劳动分配率和人工成本指数作为分析监控经济发展趋势和市场景气状况的重要指标，同时两者也是市场投资者和企业经营决策者重点关注的指标，影响着人们对经济走势的预期判断和行为方式。

从表3-9可见，2008~2012年，尽管我国制造业劳动分配率在个别年份略有降低，但总体上呈现逐步上升趋势，即从2008年的18.7%上升到2012年的23.4%，5年总计上升了4.7个百分点，特别是2011年和2012年的上升幅度较大。可以发现，直到2010年，我国制造业以工资角度计量的总体劳动分配率仍未达到20%。根据国外资料，发达国家以工资计量的制造业劳动分配率一般在40%左右，欧洲国家更高一些，发展中国家虽然比发达国家低一些，但一般也在20%~30%。过去，我国制造业劳动分配率在国际上处于较低水平，显示出制造业新增价值中的分配格局还不尽合理。不过，在国际金融危机期间，随着我国较强的经济刺激效应逐步显现，而且在"十二五"期间受国家提高劳动报酬占比政策的引导和市场机制调节作用的影响，劳动分配率开始明显上升。目前我国制造业劳动分配率水平虽然还不高，但已经在发展中国家一般所处空间之内。

表 3 - 9　全国制造业劳动分配率基本情况

年　度	制造业增加值（亿元）	制造业工资总额（亿元）	劳动分配率（%）	年度变动值（个百分点）
2008	102539.5	19220.1	18.7	-0.02
2009	110118.5	21083.4	19.1	0.40
2010	130325.0	24764.0	19.0	-0.14
2011	150597.2	32600.4	21.6	2.65
2012	161326.1	37771.4	23.4	1.77

资料来源：根据《中国统计年鉴》和全国乡镇企业主要经济指标等相关资料整理。

劳动分配率是工资水平与劳动生产率之间的静态比值，而工资成本指数则是工资水平与劳动生产率之间的动态比值。从表 3 - 10 可以看出，2008~2012 年，我国制造业工资成本名义指数在各年度有升有降，但上升的年度多，下降的年度少；上升年度的上升幅度大，下降年度的下降幅度小。特别是 2011 年和 2012 年，这两年工资增长速度大大快于劳动生产率增长速度，致使当年工资成本名义指数大幅上升到 13.92% 和 8.16%。同时也是由于这两年工资成本指数上升幅度大，从而导致这 5 年的工资成本名义指数累计上升了 24.77%，说明这 5 年间共有高出原有水平 1/4 的工资成本无法通过提高劳动生产率的方式加以消化吸收。在这 5 年间，我国制造业工资成本实际指数也只有 2009 年下降了 1.78 个百分点，其余 4 个年度都出现了不同程度的上升，其中 2011 年上升幅度竟高达 14.83%，从而导致这 5 年的工资成本指数累积上升了 20.51%，说明这 5 年间共有高出原有水平 1/5 的工资成本无法通过提高劳动生产率的方式加以消化吸收。长期以来，发达国家制造业的劳工成本指数在季度和年度间的变动幅度一般都很小。我国制造业工资成本指数之所以经常出现大幅度变动，一方面是因为偏向于依赖资源投入的经济运行和外部融资的企业运营状况不够平稳；另一方面也因为我国的工资增长机制及工资分配政策还不够完善。

表 3-10　全国制造业工资成本指数变动情况

单位：%

年　度	工资成本名义指数	工资成本实际指数
2008	-0.11	1.11
2009	2.15	-1.78
2010	-0.75	1.89
2011	13.92	14.83
2012	8.16	3.71
5年总计	24.77	20.51

资料来源：根据《中国统计年鉴》和全国乡镇企业主要经济指标等相关资料整理。

四　加强动态监测与调节的建议

无论是从我国经济长远发展来看，还是从主动适应和积极应对经济发展新常态来看，在宏观、中观和微观层面保持工资水平与劳动生产率协调同步增长都是我们应当坚持的原则，为此，加强工资成本指数的监测分析很有必要。

（一）创造良好的基础条件

加强工资成本指数监测，迫切需要改进我国工资水平和劳动生产率统计的一些基础性工作。首先是要改进工资水平统计。在第一章中我们已经对我国现行工资水平统计方面存在的问题进行了分析，提出了建立健全城乡工薪就业者工资水平统计的相关建议。当然，我们不仅要改进社会整体工资水平统计的方式方法，还要相应改进国民经济体系中各行业工资水平统计的方式方法，特别是制造业及其内部各行业工资水平统计的方式方法。这样做可以保证各行业工资水平统计完整覆盖各行业中的各类就业人群，并且使他们的工资水平能够与他们在生产经营活动中创造的财富相对应。其次是一定要改变目前存在的各部门越来越不重视劳动生产率统计分析的状况。我国在计划经济时期曾经对工业企业全员劳动生产率进行统计，在相关统计资料中还都有记载，但按增加值改进了劳动生产率统计方法后，工业、制造业及其他行业的劳动生产率统计数据在各类统计资料中越来越少见到，甚至在反映 2004 年以来几次全国经济普查情况的《中国经济普查年鉴》中也见不到劳动生产率指标，甚至不能提供让人们能够间接计算劳动生产率水平及其变动状况的基础性指标和数据。再次是要解决工资水平和劳动生产率两者之间存在的口径不同、无法对比的问题。当然，根据一种口径统计的工资水平和另一种口径统计的劳动生产率也不是不可以进行工资成本指数的监测分析，正如本章对我国三次产业工资成本指数所做的分析那样，但这只是因为缺乏更全面、更真实和更准确数据情况下的权宜之计。假如在前面的分析中使用的是全部工薪就业者工资水平的数据，那么所能做出的监测分析结果就会更合理、更客观、更准确一些。我们不仅要具备在全国和各地区层面上的对工资成本指数监测分析的"同口径、可对比"的基础数据，而且要具备在各个行业（产业）和企业层面上对工资成本指数监测分析的"同口径、可对比"的基础数据。最后是要将这些指标数据纳入常规调查统计而不是短期或临时性调查统计，以确保这些有关国民经济发展大局的重要统计数据不仅是准确的，而且是连续的，更是可以进行追踪监测和分析的。

（二） 合理确定监测对象和监测方法

加强工资成本指数监测，需要合理确定监测对象和监测方法。首先，监测对象可以划分出全国、产业、行业和企业四个层次。监测全国工资成本指数，可以对比分析工薪就业者整体工资水平与就业者人均 GDP 水平的变动关系，以观察分析国家整体工资成本指数变动趋势；监测产业和行业工资成本指数，可以先从行业工资成本指数入手，并在行业工资成本指数监测的基础上，进一步监测各个产业的工资成本指数；监测企业工资成本指数，可以先按照目前所划分的不同企业群体，在整理调查统计基础资料的基础上，分别确定这些企业群体的工资水平和劳动生产率水平，以达到对组织形态不同、经营规模不同等企业群体的定向监测目标。对工资成本指数进行全面监测分析是较为理想的状态，但因为我国相关基础工作还非常薄弱，所以我们可以先对我国制造业行业企业工资成本指数进行重点监测，特别是可以利用人力资源和社会保障部门现有企业薪酬调查平台，在进一步改进完善相关调查统计工作基础上，先开展对制造业行业企业工资成本指数的重点监测，然后逐步向其他重要行业企业拓展。其次，为了更加全面观察工资成本指数变动状况及趋势，并分析其中的影响因素，我们有必要对工资成本名义指数和实际指数同时进行监测分析。对比分析工资成本名义和实际指数的差异，有利于分析工资及人工成本变动的实际状况，合理认定价格因素及其他相关因素的影响，区分劳动生产率、工资变动的原因和结果，以利于逐步缩小监测时段，并进行早期研判，从而有利于采取及时和定向的调控措施。

（三） 加强政府部门的工资调控

鉴于我国十几年来第二产业、第三产业和制造业的工资成本指数上升较快，而且目前我国工资和劳动报酬的宏观占比基本达到所处发展阶段的适度水平，因此在今后一段时期，有必要加强对工资成本指数的调控工作。首先，我国在"十三五"期间应采取"积极稳妥有差别"的工资调控政策和调控方式。比如，在"十二五"后，各地区此前偏低的最低工资标准基本陆续调整到了一个较为合理的区位，所以今后的工作重心应当放在完善最低工资标准调整机制方面，以相对稳定的基本生活保障目标为核心，完善最低工资标准调整的合理化、法制化和规范化，而不宜再高频率、大幅度调整最低工资标准。其次，政府部门要顺应工资市场形成与调节机制作用日益增强的实际情况，应对可能由短期投资增量较大和人力资源供给结构性短缺等因素所导致的工资水平上升幅度过大的状况，各地区可以加快人力资源供求信息网络和快速配置机制建设，扩大配置范围，拓宽配置渠道，提高配置效率，从而达到间接调节工资水平及其增长幅度的效用。最后，政府部门应高度重视劳动生产率对工资和收入分配的促进及制约作用。政府部门应当在全面了解和掌握全国与本地区劳动生产率提高的总体趋势和预测限度范围内，研究制定各项工资分配调控政策。同时，为了加快经济社会发展，促进工资水平逐步提高，政府部门还应当研究制定有助于促进企业提高效率、降低成本的相关政策措施。

第四章 行业工资差距分析与比较

一 行业工资差距历史与现状

改革开放 30 多年来，我国逐步建立了以社会主义市场经济为基础的工资分配体制，打破了传统体制下的工资分配格局，市场机制在企业工资决定和工资增长过程中已经发挥出越来越大的作用，并逐步影响到企业以外其他类别就业者的工资决定。这项改革调动了职工群众的积极性，提高了劳动效率、企业效益和员工工资水平。但是，在工资分配制度转换过程中也陆续出现了一些新的矛盾和问题，其中一个普遍令人关注和诟病的问题就是，我国行业工资差距持续拉大，早已超出了在市场经济条件下的合理适度范围，与市场经济较为成熟的国家相比明显偏高，虽然近一时期的工资差距有所缩小，但尚未回归到一个较为合理的范围，而且仍然存在重新扩大的可能性。

（一）国民经济大行业工资差距变动情况

2000 年以前，我国行业工资水平差距并不大，只是在一定范围内和一定程度上有所拉开；2000 年以后，我国行业工资水平差距迅速扩大，开始出现了行业工资水平差距过大的问题（见表 4 - 1）。

表4-1　国民经济大行业的工资差别

年　度	年平均工资最低行业	年平均工资（元）	年平均工资最高行业	年平均工资（元）	最高/最低工资倍数(倍)
1995	批发零售贸易和餐饮业	4248	电力、煤气和水生产供应业	7843	1.85
2000	批发零售贸易和餐饮业	7190	科学研究和综合技术服务业	13620	1.89
2001	批发零售贸易和餐饮业	8192	科学研究和综合技术服务业	16437	2.01
2002	批发零售贸易和餐饮业	9398	金融保险业	19135	2.04
2003	批发和零售业	10894	信息传输、计算机服务和软件业	30897	2.84
2004	住宿和餐饮业	12618	信息传输、计算机服务和软件业	33449	2.65
2005	住宿和餐饮业	13876	信息传输、计算机服务和软件业	38799	2.80
2006	住宿和餐饮业	15236	信息传输、计算机服务和软件业	43435	2.85
2007	住宿和餐饮业	17046	信息传输、计算机服务和软件业	47700	2.80
2008	住宿和餐饮业	19321	信息传输、计算机服务和软件业	54906	2.84
2009	住宿和餐饮业	20860	金融业	60398	2.90
2010	住宿和餐饮业	23382	金融业	70146	3.00
2011	住宿和餐饮业	27486	金融业	81109	2.95
2012	住宿和餐饮业	31267	金融业	89743	2.87
2013	住宿和餐饮业	34044	金融业	99653	2.93
2014	住宿和餐饮业	37264	金融业	109273	2.93

注：本表在行业工资数据处理和比较中不包括农、林、牧、渔业。

资料来源：根据《中国统计年鉴》数据进行整理。

从表4-1可见，1995~2000年，在我国国民经济大行业分类中，工资水平最高行业相当于工资水平最低行业的工资倍数只是从1.85 倍扩大到 1.89 倍，工资差距扩大的幅度比较微弱。但是，2000 ~2003 年，我国行业工资水平差距拉大的速度非常快，工资水平最高行业相当于工资水平最低行业的工资倍数从 2000 年的 1.89 倍快速拉大到 2003 年的 2.84 倍，此后直到 2014 年，国民经济大行业中的工资差距一直在 3 倍上下波动。

从工资水平最低行业的变化情况看，2002 年以前一直是批发零售贸易和餐饮业，2003 年换成了批发和零售业，但这好似一种临时性改变，从 2004 年后直到 2014 年，住宿和餐饮业长期成了工资水平最低行业，再无其他变化。因此，在这 20 年间，餐饮业及与之放在一个类别的所谓大行业已长期成为工资水平最低行业。这种情况的出现并不奇怪，也没有违背市场经济规律，这与绝大多数市场经济国家除农业以外的工资水平最低行业分布基本相同。

这一时期，我国工资水平最高行业的变化情况比工资水平最低行业复杂一些。1995 年电力、煤气和水生产供应业的工资水平最高，2000 年和 2001 年科学研究和综合技术服务业的工资水平最高，2002 年临时换成金融保险业，2003 ~ 2008 年信息传输、计算机服务和软件业持续占据了工资水平最高行业的位置，但 2009 年以后直到 2014 年，金融业则取代信息传输、计算机服务和软件业成为稳居工资水平最高位置的行业。在国民经济大行业分类中，金融行业工资水平最高同样是其他市场经济国家较为普遍的现象。因此，这看起来也不违背市场经济规律。

上述情况可以说明，经过 20 年来的发展变化，随着我国市场经济体系逐渐稳定与成熟，以及企业工资收入分配市场化改革进程的逐步推进，工资水平最低行业和最高行业也随之趋于稳定。我国行业工资差距中存在的问题并不在于工资水平最低行业和最高行业所处位置不合理，而在于这种差距程度不合理。

（二）国民经济细分行业工资差距变动情况

国民经济大行业分类中的工资差距还不能完全说明我国行业工资水平差距的全貌，依据我国细化行业分类对各行业工资水平及差距状况做进一步观察、分析，有利于我们发现行业工资水平差距当中更为真实的状态及其存在的问题（见表4-2）。

表4-2 国民经济细分行业的工资差别

年　度	年平均工资最低行业	年平均工资（元）	年平均工资最高行业	年平均工资（元）	最高/最低工资倍数(倍)
2000	零售业	6326	计算机应用服务业	28333	4.48
2005	木材加工及木竹藤棕草制品业	9927	证券业	56418	5.68
2008	木材加工及木竹藤棕草制品业	15699	证券业	167995	10.70
2009	其他采矿业	14244	证券业	166985	11.72
2010	木材加工及木竹藤棕草制品业	20538	证券业	168116	8.19
2011	环境管理业	24419	证券业	156662	6.42
2012	餐饮业	28940	其他金融业	157975	5.46
2013	餐饮业	31631	其他金融业	188860	5.97
2014	餐饮业	34691	资本市场服务业	202301	5.83

注：本表在行业工资数据处理和比较中不包括农、林、牧、渔业。

资料来源：根据《中国统计年鉴》和《中国劳动统计年鉴》相关数据整理。

从表4-2可见，在对国民经济各主要行业进一步细化后，虽然工资水平最低行业和最高行业仍处于大行业分类的框架之中，但是细分行业的工资水平差距变化程度相对较大，工资水平差距的倍数关系也随之加大。

从工资水平最低行业看，虽然从2000年以来变换过几个行业，但基本上都是木材加工及木竹藤棕草制品业、餐饮业垫底。实际上，在细分行业中，工资水平在最低层次的几个行业的工资水平差距很小，并没有呈现明显梯度，无论是哪个行业处于工资水平最低位置，行业工资差距倍数关系都不会发生较大变化。但是，工资水平最高行业的情况就不同了。除了2000年时的工资最高行业不是金融类行业之外，自2005年后，工资最高行业位置均被金融类行业占据。2003年后，虽然我国大行业间的工资水平差距的倍数相对稳定，没有出现较大的波动，但是细分行业间的工资水平差距倍数却在快速扩大，直到2010年后才开始出现逐渐回落的趋向。2000～2014年，我国细分行业工资水平最高与最低差距倍数的总体变动较为猛烈，从2000年的4.48倍上升到2005年的5.68倍，5年间的上升幅度为26.8%；从2005年的5.68倍又上升到2010年的8.19倍，5年间的上升幅度更是达到了44.2%。好在自2011年起，细分行业的行业工资差距倍数出现了连续两年的明显回落，但至今仍在6倍上下徘徊。

人们不禁要问，这么多年一直占据高工资首位的金融类行业是不是我国行业工资差距拉大的关键角色或重要推手呢？要证明这一点，这里不妨看一下排除了金融类行业后的细分行业工资差距变动情况（见表4-3）。

表4-3　排除金融类行业后的细分行业工资差别

年　度	年平均工资最低行业	年平均工资（元）	年平均工资最高行业	年平均工资（元）	最高/最低工资倍数(倍)
2000	零售业	6326	计算机应用服务业	28333	4.48
2005	木材加工及木竹藤棕草制品业	9927	软件业	52784	5.32
2010	木材加工及木竹藤棕草制品业	20538	航空运输业	91913	4.48
2011	环境管理业	24419	航空运输业	100694	4.12
2012	餐饮业	28940	软件和信息技术服务业	107413	3.71

年　度	年平均工资最低行业	年平均工资（元）	年平均工资最高行业	年平均工资（元）	最高/最低工资倍数（倍）
2013	餐饮业	31631	航空运输业	119055	3.76
2014	餐饮业	34691	软件和信息技术服务业	129748	3.73

注：本表在行业工资数据处理和比较中不包括农、林、牧、渔业。

资料来源：根据《中国统计年鉴》和《中国劳动统计年鉴》相关数据整理。

用非金融类工资最高行业替换了原来的金融类行业之后，可以发现，这一时期的工资最高行业基本上是航空运输业与软件和信息技术服务业"轮流坐庄"。虽然 2000～2014 年的行业工资差距的变动趋势与未排除金融类行业前基本一致，也是先上升后波动降低，但是 2014 年的行业工资差距倍数由包括金融类行业的 5.83 倍变为不包括金融类行业的 3.73 倍，降幅为 36%。此外，如果排除金融类行业，2014 年的行业工资差距倍数甚至低于 2000 年的行业工资差距倍数。显然，这个结果可以在一定程度认定，工资水平高且增长快的金融类行业就是我国行业工资差距拉大的关键角色或重要推手。

二　我国行业工资差距的国际比较

按照国际上对于国民经济大行业的分类，多数西方工业化国家的行业工资水平差距一般在 2.5 倍左右。2004 年，在日本大行业分类中，工资水平最低的是零售和餐饮业，最高的是电气热水供应业，工资水平最高行业相当于工资水平最低行业的工资倍数为 2.32 倍。2002 年，在英国大行业分类中，工资水平最低的是餐馆和旅馆业，最高的是金融业，工资水平最高行业相当于工资水平最低行业的工资倍数为 2.42 倍。2002 年，在加拿大大行业分类中，工资水平最低的是餐馆和旅馆业，最高的是水电气供应业，工资水平最高行业相当于工资水平最低行业的工资倍数为 2.57 倍。但是，拉美国家的行业工资水平差距则明显较大。2001 年，在巴西大行业分类中，工资水平最低的是餐馆和旅馆业，最高的是水电气供应业，工资水平最高行业相当于工资水平最低行业的工资倍数为 5.33 倍。这种现象至少可以说明一点，就是一个国家行业工资差距的大小与其社会收入分配的基尼系数大小显然存在一定联系，或者可以认为，行业工资差距的大小至少在一个侧面能够显示出一个国家在收入分配中的基尼系数大小。与此相比较，在 2003 年以前，我国国民经济大行业的工资差距并不比西方工业化国家高，只是在以后有一个较快拉大的过程。以目前情况看，我国的大行业工资差距是比西方工业化国家高一些，但仍然低于拉丁美洲国家。我国国民经济大行业目前 3 倍左右的工资差距虽然偏高一些，但并没有高得离谱。

从国民经济大行业细分后的角度进行观察，我国行业工资差距从 2009 年接近 12 倍的高点逐步回落到目前的 6 倍左右，这是一件很不容易的事情，说明"提低限高"的政策还是取得了较明显的效果。但是，通过国际比较可以发现，我国细分行业工资差距回落到目前的状况也并不能令人乐观。这是因为目前这个 6 倍左右的差距不仅远高于西方工业化国家，而且也比拉丁美洲国家要高一些。比如，在 2004 年日本细分行业当中，工资水平最低的行业是餐饮业，工资水平最高的行业是电气供应业，行业工资差距为 4.09 倍；在 2013 年日本细分行业①当中，工资水平最低的行业仍然是餐饮业，工资水平最高的行业还是电气供应业，行业工资差距扩大到 4.68 倍。2001 年，巴西国民经济在大行业细分后，工资水平最高的行业是水电气供应业，也不是金融证券业，行业工资水平最高/最低的倍数为 5.33 倍。在行业工资差距国际比较中还需要注意我国与其他国家在行业工资统计和工资收入分配制度方面存在的两个明显区别：一个是我国细

---

① 2004 年和 2013 年日本细分行业工资统计数据包括了雇员在 5 人以上的全部企业，这比剔除了很多小微企业后所统计的工资差距明显要大。

分行业工资只是统计了城镇非私营单位就业人员的工资水平，其中既没有包括私营企业，也没有包括各类小微企业，而日本在工资统计中则包括了雇员在5人以上的全部企业，其他国家的工资统计范围也比我国的工资统计范围大；另一个是其他国家工资最低的行业一般都是餐饮、住宿业，这类服务行业工资收入分配制度相对特殊，因为其雇员实际享有约定俗成且较为可观的小费收入，但行业工资统计并不包括这一部分收入，而我国此类行业的工资收入分配制度和习俗与此明显不同。如果将这个因素考虑进来，其他国家的细分行业工资差距会比实际差距有所放大，也就是说实际上的细分行业工资差距应比表面上的统计数据要小一些。综合考虑这些因素之后，我们应该可以认定，我国目前细分行业的实际工资差距虽然比以前有所缩小，但是仍然明显偏大，需要我们给予重视。

观察与衡量行业工资差距的另一个适用指标是制造业内部各细分行业的工资水平差距，可以用工资水平最高行业与最低行业的工资差距倍数表示出来。表4-4对我国2000年以来的制造业内部细分行业的工资差距倍数进行了统计，其中显示出这段时间内工资水平最高行业和最低行业都是非常稳定的，没有发生任何行业间的变化。但是，2000~2005年，我国制造业内部细分行业的工资差距上升幅度较大，从2.76倍迅速上升到4.22倍，在以后年度中又逐步缩小到2014年的3.29倍。这与我国行业工资差距变化的总趋势是基本一致的。

表4-4 我国制造业内部细分行业的工资差距倍数情况

单位：倍

年 份	年平均工资最高行业	年平均工资最低行业	最高/最低工资倍数
2000	烟草制品业	木材加工及木竹藤棕草制品业	2.76
2005	烟草制品业	木材加工及木竹藤棕草制品业	4.22
2010	烟草制品业	木材加工及木竹藤棕草制品业	3.83

年　份	年平均工资最高行业	年平均工资最低行业	最高/最低工资倍数
2011	烟草制品业	木材加工及木竹藤棕草制品业	3.63
2012	烟草制品业	木材加工及木竹藤棕草制品业	3.43
2013	烟草制品业	木材加工及木竹藤棕草制品业	3.44
2014	烟草制品业	木材加工及木竹藤棕草制品业	3.29

资料来源：根据《中国劳动统计年鉴》相关数据整理。

在日本制造业内部的细分行业中，2004 年工资水平最高的是化学石油煤炭业，最低的是纺织服装业，最高/最低工资倍数为 2.8 倍；2014 年工资水平最高的仍然是化学石油煤炭业，最低的仍然是纺织服装业，最高/最低工资倍数为 2.08 倍，比以前有明显缩小。从其他经济发达国家情况看，制造业内部细分行业的工资差距也没有超过 3 倍的。在巴西制造业内部细分行业中，2001 年工资水平最高的是办公和计算设备制造业，最低的是木材及木材加工业，最高/最低倍数为 4.3 倍。可以发现，目前我国制造业内部细分行业的工资差距要比欧美发达国家高一些，但是比巴西要低一些，尽管此间也曾经达到过巴西那样的差距程度。

三　低工资行业工资增长分析

根据人们的感性和理性认识，以及与主要工业化国家的比较，可以判断出我国目前的行业工资差距确实偏大，尽管继续扩大的势头已经有所遏制，个别年份还有所回落。但是，值得注意的是，决定行业工资差距大小的决定性因素还尚未改变。影响行业工资差距持续拉大并至今仍在高位徘徊的一个重要因素是，部分低工资行业特别是工资最低行业的工资水平较低且增长相对缓慢，劳动生产率和经济效益对工资增长的支持还不够。在"十一五"和"十二五"期间，政府在收入分配方面确定了"提低、扩中、控高"的总基调，也采取了一些积极促进低工资群体工资增长和调控高工资群体工资增长的政策，希望扭转行业工资差距继续扩大的趋势。现在看来，这些政策措施虽然起到了一些效果，但还不足以解决行业工资差距仍然偏大的问题。

（一）低工资行业的相对稳定性

低工资行业的相对稳定性可以从一个观察期间的低工资行业的重复率中显示出来。低工资行业的重复率是指，在跨年度比较中有多大程度的低工资行业是相同的。我们可以从中发现低工资行业群体在一定时期内的相对变动程度。重复率高，说明这些低工资行业比较稳定，变动较小；重复率低，说明这些低工资行业不大稳定，变动较大（见表4-5）。

表4-5　2005年、2008年和2014年20个非农低工资行业排序对比情况

排　名	2005年20个非农低工资行业	2008年20个非农低工资行业	2014年20个非农低工资行业
1	木材加工及木竹藤棕草制品业	木材加工及木竹藤棕草制品业	餐饮业
2	纺织业	纺织业	公共设施管理业
3	农副食品加工业	农副食品加工业	其他服务业
4	非金属矿物制品业	文教体育用品制造业	木材加工及木竹藤棕草制品业
5	零售业	皮革、毛皮、羽毛（绒）及其制品业	皮草、毛皮、羽毛及其制品和制鞋业
6	皮革、毛皮、羽毛（绒）及其制品业	餐饮业	住宿业
7	造纸及纸制品业	非金属矿物制品业	物业管理
8	家具制造业	纺织服装、鞋、帽制造业	农副食品加工业
9	非金属矿采选业	工艺品及其他制造业	文教、工美、体育和娱乐用品制造业

排 名	2005 年 20 个非农低工资行业	2008 年 20 个非农低工资行业	2014 年 20 个非农低工资行业
10	纺织服装、鞋、帽制造业	造纸及纸制品业	纺织业
11	工艺品及其他制造业	环境管理业	零售业
12	文教体育用品制造业	零售业	纺织服装、服饰业
13	餐饮业	家具制造业	非金属矿采选业
14	环境管理业	住宿业	非金属矿物制品业
15	塑料制品业	塑料制品业	居民服务业
16	食品制造业	食品制造业	造纸及制品业
17	饮料制造业	非金属矿采选业	家具制造业
18	房屋和土木工程建筑业	房屋和土木工程建筑业	房屋建筑业
19	橡胶制品业	橡胶制品业	社会工作
20	水利管理业	金属制品业	废弃资源综合利用业

注：本表按年度城镇单位在岗职工平均工资水平从低到高排序。

资料来源：根据《中国统计年鉴》和《中国劳动统计年鉴》相关数据整理。

从表 4 - 5 可以看出：2008 年的 20 个非农低工资行业只有住宿业和金属制品业两个行业是 2005 年没有出现的；与此对应，2005 年的 20 个非农低工资行业中也只有饮料制造业和水利管理业是 2008 年没有出现的。这一期间的行业重复率高达 90%，而且工资最低的 3 个行业完全相同。在 2008 年和 2014 年，20 个工资最低行业中有其他服务业、公共设施管理业等 5 个行业是互不重复的，它们大都属于以前分类中没有的新行业。然而，近 10 年来的最低工资行业的重复率仍然达到了 75%。由此看来，2005 年以后低工资行业的重复率的确很高，这完全可以说明目前和今后一段时期我国低工资行业仍将保持一个相对稳定的状态。

（二）低工资行业工资增长的均衡性

低工资行业工资增长的均衡性是指低工资行业的工资增长率与社会平均工资增长率之间的协同关系。如果低工资行业的工资增长与社会平均工资增长基本同步，则有利于保持现有行业工资差距；如果低工资行业的工资增长幅度高于社会平均工资增长幅度，则有利于缩小现有行业工资差距；如果低工资行业工资增长幅度低于社会平均工资增长幅度，则不利于缩小现有行业工资差距。

笔者曾经对 2005~2008 年低工资行业工资增长的均衡性做过一个类似分析，以当时我国城镇单位在岗职工货币平均工资年递增速度为标尺，发现那一时期在 20 个低工资行业中有 18 个行业的工资增长达不到社会平均工资增长速度，此结果说明当时行业工资差距仍存在继续扩大的势头。在这里，笔者进一步选取了 2005 年和 2014 年一直处于低工资行业群体中的 14 个低工资行业，进一步分析这些低工资行业的工资增长与社会平均工资增长的均衡性（见表 4 - 6）。2005~2014 年，我国城镇单位就业人员平均工资的年平均递增速度为 13.4%，在岗职工平均工资的年平均递增速度为 13.5%，与表 4 - 6 中 14 个低工资行业同期工资增长速度相比较，可以发现其中只有餐饮业和住宿业两个行业的工资增长速度依旧落后于社会平均工资增长速度，其他 12 个行业的工资增长速度都已经在一个较长的时期内赶上并超过了社会平均工资增长速度，从而改变了 2005~2008 年低工资行业工资增长偏低的窘境。尽管不少低工资行业工资增长有所加快，但由于最低行业的工资增长仍然滞后于社会平均工资增长，所以在整体上仍然不利于缩小行业工资差距的倍数关系，除非高工资行业的工资增长速度能够适当低于社会平均工资和低工资行业的工资增长速度。

表 4 - 6　2005 年和 2014 年低工资行业工资增长情况

序　号	行业类别	年平均工资（元）		年平均递增速度（％）
		2005 年	2014 年	
1	餐饮业	12898	34691	11.62
2	木材加工及木竹藤棕草制品业	9927	38181	16.15
3	皮草、毛皮、羽毛及其制品和制鞋业	12261	38261	13.48
4	住宿业	14349	39516	11.91
5	农副食品加工业	11215	40182	15.23
6	文教、工美、体育和娱乐用品制造业	12741	40448	13.70
7	纺织业	10597	40495	16.06
8	零售业	12132	41229	14.56
9	纺织服装、服饰业	12437	41484	14.32
10	非金属矿采选业	12405	42421	14.64
11	非金属矿物制品业	11568	42897	15.68
12	造纸及制品业	12347	44423	15.29
13	家具制造业	12393	44459	15.25
14	房屋建筑业	13825	44773	13.95

　　注：本表选择了这一时期一直处于低工资行业群体中的 14 个行业；本表中工资增长率为名义工资增长率，未剔除物价变动因素。

　　资料来源：根据《中国统计年鉴》和《中国劳动统计年鉴》相关数据整理。

　　但是，以我国工资最低行业平均工资相当于社会平均工资的比例为例进行分析，可以发现，2005 年这个比例是 54.5%，2008 年是 54.3%，2014 年是 61.6%。这说明，如果从 2005～2014 年我国工资最低行业平均工资相当于社会平均工资比例的变化程度上看，近 10 年来这个比例是在波动中逐步上升的，工资水平最低端行业的工资水平不但与社会平均工资水平更趋接近，而且已经与部分工业化国家的情况大体相当。以部分国家非农行业中工资水平最低行业为例，美国、加拿大、英国、法国、德国、澳大利亚、韩国、巴西工资水平最低的行业大都是住宿餐饮业，该行业工资水平相当于全行业平均工资水平的比例分别是：美国 56.6%、加拿大 58.9%、英国 60.8%、法国 70.3%、德国 61.7%、澳大利亚 75.0%、韩国 68.7%、巴西 47.5%。[①] 可以据此推导，我国行业工资差距依然偏大的主要问题所在，可能并不在低工资行业工资水平过低这一端，而应该在高工资行业工资水平相对偏高的另一端。

（三）低工资行业利润水平与工资差距

人们普遍认为，现在工资低的行业一般都是因为中小企业密集、生产率水平偏低、市场竞争激烈、低技能劳动者较多、企业税收负担较重，所以利润率水平较低，工资增长相对滞后，难以支持与社会平均工资增长相协调的工资增长速度。尽管这种说法有一定道理，但如果我们不在此基础上进行具体分析，只是笼统地下结论，将难以对行业工资差距问题形成全面准确的判断，并相应采取具有针对性和有效性的政策措施。

笔者以前曾根据第二次全国经济普查披露的相关数据，对低工资行业的利润率水平进行过计算。2008 年工业企业法人单位总资产利润率平均为 7.2%，2008 年工业企业法人单位主营业务收入利润率平均为 6.3%。从表 4-7 可以发现，在以上 20 个低工资行业中，总资产利润率低于工业企业平均值的有纺织业、文教体育用品制造业、造纸及纸制品业、环境管理业、房屋和土木工程建筑业、橡胶制品业 6 个行业，其他 14 行业均不同程度地高于平均值。主营业务收入利润率低于工业企业平均值的有纺织业，农副食品加工业，文教体育用品制造业，皮革、毛皮、羽毛（绒）及其制品业，纺织服装、鞋、帽制造业，工艺品及其他制造业，环境管理业，家具制造业，塑料制品业，房屋和土木工程建筑业，橡胶制品业和金属制品业 12 个行业，比使用总资产利润率比较多 6 个行业。两个利润率指标相比，总资产利润率可以准确地说明全部资本投入的回报情况，也可

---

① 根据国际劳工组织数据库数据计算。

以更客观地反映行业整体效益水平，并间接反映出各行业企业在生产经营过程中的实际税负状况。

表 4 - 7　2008 年 20 个非农行业工资水平和利润率水平情况

序　号	行业类别	年平均工资（元）	总资产利润率（%）	主营业务利润率（%）
1	木材加工及木竹藤棕草制品业	15663	11.5	7.3
2	纺织业	16222	6.2	4.7
3	农副食品加工业	17559	11.4	5.7
4	文教体育用品制造业	17954	5.2	3.6
5	皮革、毛皮、羽毛（绒）及其制品业	17997	10.9	6.1
6	餐饮业	18416	53.6	43.9
7	非金属矿物制品业	18475	9.1	8.1
8	纺织服装、鞋、帽制造业	18572	8.4	5.6
9	工艺品及其他制造业	18674	9.2	6.1
10	造纸及纸制品业	19093	6.1	6.1
11	环境管理业	19302	0.1	0.3
12	零售业	19443	23.9	11.8
13	家具制造业	19888	7.9	5.5
14	住宿业	20052	20.8	59.8
15	塑料制品业	20334	7.5	5.7
16	食品制造业	20416	9.3	6.9
17	非金属矿采选业	20832	14.5	11.1
18	房屋和土木工程建筑业	21102	4.1	3.5
19	橡胶制品业	21489	5.7	4.6
20	金属制品业	21493	7.8	5.6

资料来源：餐饮业、零售业、住宿业的利润率水平根据《中国统计年鉴》中限额以上企业主要财务指标相关数据计算；环境管理业利润率水平根据 2004 年第一次全国经济普查数据计算；其他行业根据《第二次全国经济普查主要数据公报》数据计算。

　　根据上述情况不难看出，各行业工资水平高低与行业利润率水平并没有明显的对应关系。表 4 - 7 中只有个别行业（如纺织、环境管理等行业）显示出工资水平低与利润率水平低完全吻合的情况。

然而很令人困惑的是，餐饮业、零售业、住宿业这些国际上普遍是低工资的行业，在我国这些行业的利润率水平其实并不低，甚至比工业企业利润率的平均水平还要高出一大截。当然，利润率水平在这些行业内部因经营规模大小不同也是很不均衡的，但有一点是明确的，从该行业总体情况看，其对于工资支付和工资增长的支持能力并不低。

但是，在企业工资决策方面应当起关键作用的是人均利润和工资利润率水平的高低，如果这两项指标偏低的话，经营者一般会对增加工资持非常慎重的态度，更不愿意较大幅度地增加员工工资。特别是在企业效益不佳的情况下，企业如果按照社会平均工资增幅为员工增加工资，则必然会大幅消减企业利润，牺牲企业投资和经营所得，严重的话还会将企业经营置于十分困难的境地。

从表4－8可以发现，低工资行业的人均利润和工资利润率水平参差不齐、有高有低，但是人均利润较低的行业其工资利润率水平也相应较低。工资利润率水平高于100%的行业对工资增长的支撑能力实际上是不成问题的，而且结合表4－6观察，这些行业在2005～2014年也确实保持了一个与社会平均工资大体协调的甚至略高的工资增长速度。但是，与高工资行业相比，低工资行业的人均利润水平仍然很低，并且这种获利能力上的巨大差距将使行业工资差距仍然存在继续拉大的可能与风险，甚至使现有工资差距显得微不足道。比如，以2008年金融行业（在当年还不是人均利润最高的行业）的人均利润为基准，同年餐饮业、住宿业、纺织业、服装业和家具制造业的人均利润只分别相当于它的5.4%、1.3%、7.6%、5.2%和7.2%。

表4－8　2008年低工资行业人均利润和工资利润率情况

序　号	行业类别	人均利润（元）	工资利润率（%）
1	餐饮业	10128	60

续表

序 号	行业类别	人均利润（元）	工资利润率（%）
2	木材加工及木竹藤棕草制品业	19320	113
3	皮革、毛皮、羽毛及其制品和制鞋业	12001	58
4	住宿业	2418	12
5	农副食品加工业	37322	187
6	文教、工美、体育和娱乐用品制造业	6457	32
7	纺织业	14119	69
8	零售业	26119	139
9	纺织服装、服饰业	9720	47
10	非金属矿采选业	25460	140
11	非金属矿物制品业	21472	117
12	造纸及制品业	23768	112
13	家具制造业	13537	64
14	房屋建筑业	6642	2

注：本表人均利润水平及工资利润率均按照各行业营业利润计算。

资料来源：根据第二次全国经济普查相关数据计算。

（四）制约低工资行业工资增长的其他因素

首先，长期以来，民间投资过多集中于低端产业或附加值较低的产业，因为高附加值产业投资门槛较高，垄断性行业的准入门槛更高。低工资行业均属劳动密集型行业，资金和技术门槛较低，中小企业高度密集。同时，这些低工资行业的就业门槛也相对较低，往往也是大量普通劳动者集中择业的行业。因此，这些行业的市场竞争程度一直很激烈，人均利润和工资利润率水平都不高，企业对于人工成本上升的承受能力较弱。尽管我国普通劳动力资源供求已经开始发生较大变化，低工资劳动者工资增长势头有所加快，但如果经济发展方式不能尽早转换，经济结构和民间投资结构不优化调整，则低工资行业生产经营的市场和制度环境也不能尽早得到改善，也就不利于行业工资差距的根本扭转。

其次，低工资行业内部多数是民营企业，工会组建率普遍较低，劳资力量对比很不均衡，劳动关系的规范化程度不高。根据第一次全国经济普查结果，当时全行业平均工会组建率为 22.6%，但在 20 个低工资行业中只有环境管理业、住宿业和纺织业三个行业的工会组建率高于行业平均水平。工会组建率最低的 5 个行业分别是：非金属矿采选业 8.1%，木材加工及木竹藤棕草制品业 9.8%，餐饮业 11.7%，家具制造业 12.0%，零售业 13.1%。工会组建率低，工资集体协商不易开展，工资决定和增长机制难以健全，员工的劳动报酬权益不易得到有力保障。

最后，国家对部分行业企业在财税等方面的支持力度还不够。比如，环境管理业属于新型服务业，主要是负责自然保护和环境治理，主要承担社会职责，目前基本处在无利可图的境地，因此只靠自身条件无法正常增加工资，必须依靠政府支持。

四　高工资行业工资增长问题

我国行业工资差距拉大，不仅有部分低工资行业的工资水平较低且增长缓慢的原因，也有部分高工资行业工资增长较快的原因。长期以来，部分行业特别是垄断行业凭借资源占有及政策优势，将轻易获取的利润持续转化为内部工资福利，一直倍受社会公众指责。

（一）高工资行业的相对稳定性

2005~2008 年，在我国近百个国民经济细分行业中，工资水平排位最高的前 20 个行业中只有两个出现变动，其余 18 个行业均持续保留在原来的 20 个高工资行业群体之中，只是部分行业在内部排名顺序上发生了一些变化。4 年间高工资行业的重复率高达 90%，与同期低工资行业的重复率完全相同。在 2008 年的 20 个高工资行业中，人民政协和民主党派、科技交流和推广服务业这两个行业是 2005 年没有出现的；与此对应，2005 年的 20 个高工资行业中的黑色金属冶炼及压延加工业和石油加工、炼焦及核燃料加工业在 2008 年退出了前 20 个高工资行业名单。这期间，居前 6 位的高工资行业一直是证券业、其他金融活动、航空运输业、软件业、计算机服务业、烟草制品业。其中，证券业稳居第一，烟草制品业稳居第六，其他行业的排名顺序在前 6 位中只是略有变化。这说明，当时我国的高工资行业群体就已经比较稳定（见表 4 - 9）。

表 4 - 9　2005 年、2008 年和 2014 年 20 个高工资行业

排　名	2005 年 20 个高工资行业	2008 年 20 个高工资行业	2014 年 20 个高工资行业
1	证券业	证券业	资本市场服务
2	软件业	其他金融活动	其他金融业
3	计算机服务业	航空运输业	软件和信息技术服务业
4	航空运输业	软件业	烟草制品业
5	其他金融活动	计算机服务业	货币金融服务
6	烟草制品业	烟草制品业	互联网和相关服务
7	电信和其他信息传输服务业	银行业	航空运输业
8	新闻出版业	电信和其他信息传输服务业	研究和实验发展
9	管道运输业	专业技术服务业	管道运输业
10	银行业	研究与实验发展	石油和天然气开采业
11	水上运输业	水上运输业	专业技术服务业
12	石油和天然气开采业	石油和天然气开采业	水上运输业
13	高等教育	新闻出版业	新闻和出版业
14	专业技术服务业	科技交流和推广服务业	铁路运输业

排　名	2005 年 20 个高工资行业	2008 年 20 个高工资行业	2014 年 20 个高工资行业
15	研究与实验发展	管道运输业	电力、热力生产和供应业
16	保险业	高等教育	采矿辅助活动
17	电力、热力的生产和供应业	电力、热力的生产和供应业	高等教育
18	石油加工、炼焦及核燃料加工业	保险业	电信广播电视和卫星传输服务
19	铁路运输业	人民政协和民主党派	批发业
20	黑色金属冶炼及压延加工业	铁路运输业	房地产开发经营

注：本表按年度城镇单位在岗职工平均工资水平从高到低排序。

资料来源：根据《中国统计年鉴》和《中国劳动统计年鉴》相关数据整理。

从表 4 - 9 可以发现，2008 ～ 2014 年，工资最高行业由证券业换为资本市场服务，实际上两者都是金融业中的细分行业，资本市场服务是新的行业名称，实际上与证券业直接相关，其中并无实质性变化。这期间，虽然行业分类出现了一些局部的变动，但并不影响行业分类大局。如果观察 2008 年的 20 个高工资行业到 2014 年是否仍旧保留在榜单上的情况，我们可以发现其中只有科技交流和推广服务业、人民政协和民主党派两个行业从中退出，以此判断，这期间高工资行业的重复率应为 90%，同样说明高工资行业在这一期间保持了基本稳定的状态。

再观察 2005 ～ 2014 年的整体情况，如果我们计算 2005 年的 20 个高工资行业到 2014 年还有多少继续保留下来的话，我们可能不会想到这期间实际上只有黑色金属冶炼及压延加工业一个行业退出了榜单，而其他 19 个行业则全部以相同或类似名称保留了下来。因此可推断，近 10 年来高工资行业的重复率更高达 95%，说明了这些高工资行业确实具有长期稳定性。

（二） 高工资行业工资增长的均衡性

对于高工资行业，我们也可以用衡量低工资行业工资增长均衡性的方法对其进行观察分析。笔者曾对 2005～2008 年高工资行业工资增长情况进行过分析，发现这期间我国城镇单位在岗职工货币平均工资的年递增速度为 16.76%，但是在 2008 年 20 个高工资行业中，只有证券业、其他金融活动、银行业、专业技术服务业、研究与实验发展、科技交流和推广服务业、人民政协和民主党派共 7 个行业的工资增速超过了社会平均工资增长速度，其中的科技交流和推广服务业、人民政协和民主党派只是因为那几年工资增长暂时快些才进入了前 20 名的高工资行业，但排名也靠后。当时的问题是，那一时期金融类行业的工资水平一直在以较高速度增长，特别是工资水平在当时已经稳居第一的证券业的工资增长速度最为猛烈，3 年间的平均增速甚至达到 45.04%，相当于同期城镇单位在岗职工平均工资年递增速度的 2.69 倍。总体来看，只有少部分高工资行业的工资增长高于城镇单位在岗职工平均工资增长速度，大部分高工资行业的工资增长甚至还低于城镇单位在岗职工平均工资增长速度。如果不是金融类行业工资增长过快，那几年的行业工资差距本可以有所缩小。

2005～2014 年，我国城镇单位就业人员平均工资的年平均递增速度为 13.4%，在岗职工平均工资的年平均递增速度为 13.5%，与表 4-10 中 20 个高工资行业同期工资增长速度相比较，只有 8 个行业的工资增长速度超过了社会平均工资增长速度。其中，采矿辅助活动和批发业这两个行业的工资增速较快，但它们工资增速较快只是因为 2005 年时它们的工资水平很低，与其他高工资行业还不在一个档次。其他几个平均工资年平均增速超过 15% 的行业全都是金融类细分行业，据此可推断，金融类行业不仅早已牢牢占据我国高工资行业的"首席"位置，而且一直在工资增长方面处于行业领先位置，是我国近一时期拉大行业工资差距的"矛盾制造者"。

表 4－10　2005 年和 2014 年高工资行业工资增长情况

序　号	行业类别	年平均工资（元）		年平均递增速度
		2005 年	2014 年	（％）
1	资本市场服务	56418	202301	15.2
2	其他金融业	48361	200768	17.1
3	软件和信息技术服务业	52784	129748	10.5
4	烟草制品业	42772	125505	12.7
5	货币金融服务	32236	124988	16.2
6	互联网和相关服务	52637	123384	9.9
7	航空运输业	49610	120829	10.4
8	研究和实验发展	29054	92431	13.7
9	管道运输业	33162	86901	11.3
10	石油和天然气开采业	30666	83382	11.8
11	专业技术服务业	29460	82304	12.1
12	水上运输业	31310	82000	11.3
13	新闻和出版业	34042	81367	10.2
14	铁路运输业	24327	80720	14.3
15	电力、热力生产和供应业	27037	78603	12.6
16	采矿辅助活动	14645	77980	20.4
17	高等教育	29689	77873	11.3
18	电信广播电视和卫星传输服务	36941	77767	8.6
19	批发业	17953	73702	17.0
20	房地产开发经营	22069	69811	13.7

注：本表年平均工资为各行业城镇单位在岗职工年平均工资，工资增长率计算未剔除物价变动因素。

资料来源：根据《中国统计年鉴》和《中国劳动统计年鉴》相关数据整理。

我国行业工资差距一般以工资最高行业与最低行业的工资倍数衡量。2005～2008 年，我国非农行业工资水平最低的一直是木材加工及木竹藤棕草制品业，工资水平最高的一直是证券业，这期间双方的工资差距从 5.68 倍迅速扩大到 10.99 倍，其扩大的速度非常惊人。究其原因，虽然部分低工资行业的工资增长较慢是原因之一，但非农行业工资水平最低的木材加工及木竹藤棕草制品业的工资增长实际上只是略低于全行业的工资增长速度，这就说明部分低工资行业工资增长较慢虽然对行业工资差距的扩大有影响，但影响程度还是比较有限的；更主要的影响因素是少数高工资行业的工资增长速度过快，特别是金融业以及其中的证券业的工资增长持续过快，才导致我国的行业工资差距以较快速度持续拉大。与此同时，20 个高工资行业内部的工资水平差距也在迅速拉大，2005 年 20 个高工资行业的工资差距还只有 2.32 倍，2008 年就已经扩大到 4.52 倍。因此，个别高工资行业的工资快速增长是我国行业工资差距持续快速拉大的最主要因素，只有对这类企业加强调控，才能够有效遏制行业工资差距进一步扩大的势头。

（三）我国高工资行业工资水平相对位置偏高

如果用高工资行业工资水平相当于社会平均工资水平的比例对高工资行业工资水平相对位置进行衡量，那么我国高工资行业的工资水平相对位置在世界上居于"领先"水平，远远超出其他国家。

2008 年，美国工资最高的行业是电、煤气和水供应业，其小时工资水平是全行业平均值的 160%；2008 年，加拿大工资最高的行业也是电、煤气和水供应业，其小时工资水平是全行业平均值的 171%；2007 年，英国工资最高的行业是金融业，其小时工资水平是全行业平均值的 150%；2007 年，法国工资最高的行业也是金融业，其小时工资水平是全行业平均值的 151%；2006 年，澳大利亚工资最高的行业是采矿业，其小时工资水平是全行业平均值的 136%；2008 年，日本工资最高的行业是电、煤气和水供应业，其月工资水平是全行业平均值的 133%；2008 年，韩国工资最高的行业是电、煤气和水供应业，其小时工资水平是全行业平均值的 143%；2002 年，巴西工资最高的行业是电、煤气和水供应业，其月工资水平是全行业平均值的 260%。我国近几年工资最高的行业是金融业，2005 年其工资水平相当于全行业城镇单位在岗职工工资水平的比例是 307%，2008 年其工资水平相当于全行业城镇单位在岗职工工资水平的比例进一步扩大到 589%，与世界各国相比，我国高工资行业相当于社会平均工资的比例不仅是最高的，而且高得非常"离谱"。

（四）高工资行业利润水平与工资差距

我国高工资行业的工资水平与利润率水平的关系参差不齐，部分行业特别是金融业工资水平过高且增长快主要是其利润过于丰厚的结果，而不仅仅是由其在经济领域内部行业位置、人员结构相对高端等因素所决定的。

根据《第二次全国经济普查主要数据公报》数据计算，2008 年工业企业法人单位人均利润平均为 28840 元，总资产利润率平均为 7.2%，主营业务收入利润率平均为 6.3%。从表 4 - 11 可以发现，在高工资行业中，只有部分行业高于这一平均值，且高出的程度很大。以人均利润为例，金融业、烟草制品业、电信和其他信息传输服务业、水上运输业、石油和天然气开采业、管道运输业分别是行业平均值的 6.48 倍、12.07 倍、4.85 倍、3.94 倍、14.41 倍和 11.79 倍。这些行业几乎都是人们常说的垄断性行业。这些行业的高额利润一方面反映在人均利润水平上，另一方面也表现在营业收入利润率水平成倍高于行业平均值上，因此，这些行业的经营地位和经营方式总是可以为其带来非常丰厚的利润。这也证明，垄断企业只要占有了国家稀缺的自然资源，或占有了难以替代的水电气、通信和运输等网络资源，或占据了整个产业链的关键环节与高端位置，或占据了专营专卖的市场，就有可能轻松获取高额利润，并支撑其高工资水平及其工资的快速增长。当然，高工资行业中也存在个别例外的情况，如航空运输业和铁路运输业由于其雇员工作上的特殊性，其工资水平虽然比一般行业高，但企业利润水平并不高，航空运输业甚至经常出现全行业亏损的状况。

表4-11 20个高工资行业中部分行业的利润情况

序 号	行业类别	人均利润（元）	总资产利润率（%）	营业收入利润率（%）
1	金融业	186801	1.05	12.56
2	航空运输业	—	-4.01	-9.93
3	软件业	22538	3.86	7.41
4	计算机服务业	27288	3.06	4.63
5	烟草制品业	348146	16.10	16.74
6	电信和其他信息传输服务业	139773	7.94	27.29
7	水上运输业	113715	8.60	18.06
8	石油和天然气开采业	415632	35.80	41.56
9	管道运输业	340000	6.61	24.69
10	电力、热力的生产和供应业	24238	1.04	2.25
11	铁路运输业	204	0.05	0.20

注：各行业的营业收入利润率按主营业务收入利润率计算。
资料来源：根据第二次全国经济普查资料数据整理。

从典型案例中我们也可以发现银行和证券公司的丰厚利润与高工资的紧密联系。据《中国金融年鉴》相关数据，2007年中国工商银行、中国银行、中国建设银行和交通银行的营业收入利润率分别高达45.3%、49.8%、45.7%和49.8%，人均利润水平都在30万~50万元。中信证券股份有限公司的营业收入利润率更是高达69.7%，人均利润水平近百万元。如此高的利润率水平能够为长期维持其过高的工资水平和工资的快速增长提供强力支持。

　　我国高工资行业大都是国家支柱行业，关系国计民生，战略地位非常重要，资产规模比较庞大，但市场竞争则相对不足。这些行业只要占有了国家稀缺的自然资源，占有了难以替代的水电气、通信和运输等网络资源，占据了整个产业链的关键环节与高端位置，占据了专营专卖的市场，就有可能轻松获取高额利润。如果对其经营行为、产品或服务价格标准和收益分配行为缺乏严格监管，高额利润必然进一步推高其工资和福利水平，形成工资福利快速增长趋势。长期以来，不仅部分行业的高工资和高福利现象一直倍受社会公众指责，而且其巧立名目乱收费和乱提价行为更是令社会公众难以接受。

五　合理调节行业工资差距的措施

　　综合以上情况分析，目前我国行业工资水平差距仍然处于明显偏大的状态，其中受到许多不合理因素的影响。行业工资差距过大，不仅受到社会公众指责，也是对收入分配公平公正和人们承受能力的一种挑战，对我国全面实现小康社会、促进社会和谐极为不利。因此必须进一步深化工资制度改革，加强工资宏观调控，促进低工资行业工资水平合理稳定增长，抑制垄断性行业企业工资过快增长的势头，逐步缩小行业工资差距。特别要在"十三五"期间抑制行业工资差距仍可能出现的重新扩大趋势，政府应该采取双向调节的分配政策，一方面将重点放在促进低工资行业的工资合理增长上；另一方面也必须加强对高工资行业不合理收入来源及工资增长过快的调控。

（一）促进低工资行业工资增长的措施

　　在社会主义市场经济条件下，要从根本上解决低工资行业工资水平合理稳定增长问题，扭转行业收入差距持续扩大趋势，逐步形成比较合理的行业工资关系，必须以人为本，端正劳动价值观念，尊重各类劳动创造，使普通劳动者也能依靠劳动贡献获得维持体面生活和促进技能素质提高的合理劳动报酬的机会，以及合理分享经营成果的条件。

为此，在初次分配领域要加快健全企业的工资决定机制和增长机制。在合理促进低工资行业工资增长方面，既要改变很多企业的工资水平和工资增长只是由企业雇主或管理者单方面决定的状况，也要改变一些员工及其组织只是片面要求提高工资而不考虑企业的实际条件和长远利益的状况。重要的是，我国应加快集体协商或工资集体协商的立法进程，以此全面系统规范企业的工资决定机制和增长机制，通过各行业重点企业依法开展各种形式的工资协商行为及所能产生的结果，以此为标杆，引导和带动每个行业内部的其他企业合理正常增加工资。我国可以进一步创新工资协商的方式方法，拓展集体协商的内容，将劳资双方努力实现的工资增长目标和经营业绩目标及实现条件，一并放在集体协商的平台进行商讨，争取形成共识，并制定双方认可的行动方案。这样做，有利于充分调动企业和员工双方参与工资协商的积极性和主动性，在提高工资和改善经营方面，形成双方互通信息、换位思考、相互信任、共同努力的良性机制，从而将这个经常成为相互争斗的平台改造成相互合作的平台。

政府的工资宏观调控机制也应改进和创新。在制定和调整最低工资标准方面，要按照城镇居民 10% 最低收入户劳动者及其合理赡养人口基本生活收支平衡的基准测算确定各地区适用的最低工资标准。目前最低工资标准尚未达到当地社会平均工资 40% 程度的地区应积极调整最低工资标准；对于已经达到这个标准的地区则应根据本地区经济社会发展目标和条件，稳慎调整最低工资标准。今后也有必要建立一个能够在特殊情况下紧急启动的最低工资标准调整机制，规定只要同期居民消费物价指数或其中食品价格指数上升到一定幅度时，就必须紧急启动最低工资标准调整机制。

政府对改善低工资行业生产经营条件和降低成本方面可采取相应措施。这些经营条件改善后，有利于企业为员工正常增加工资。一是可以对公益性微利企业（如环境管理业企业）适当减税或给予经营方面的补助；二是对小微企业可探索实施社会保险差别费率政策，更多地降低低工资行业企业的社会保险支出成本；三是探索鼓励商业银行能够为中小企业提供低息贷款和便捷服务的措施，降低低工资行业企业的融资成本。

（二）有效调节高工资行业工资水平及增长的措施

对高工资行业的工资调控必须突出重点、标本兼治，既要强化调控垄断行业工资水平的力度，也要采取一系列改革措施加强行业监管，逐步消除垄断利润的根源。

首先，国家应加强对高工资行业的经营行为和收入分配行为的监管，特别有必要重点加强对金融类行业的监管。从目前行业工资差距的整体情况看，今后只要将金融类行业工资过高的一头控制住了，行业工资差距继续扩大的趋势不仅有望得到扭转，而且完全可以将现有行业工资过大的差距进一步调低。我国金融证券行业工资收入水平相比其他行业明显偏高，且近年来增长很快，因此有必要顺应国际上加强对金融证券行业监管的趋势，对其高管及高薪员工的薪酬水平采取某些必要的监管手段。比如，把金融证券公司上述人员的薪酬结构和薪酬水平向投资人和监管机构公开，员工薪酬水平的增长在原则上不应高于人均业务收入及人均利润水平的增长，在董事会和管理层就高管和员工薪酬方案决策时，应征询一定比例的中小投资人的意见，如多数中小投资人代表否决该方案，则应根据相关意见修改方案，金融证券监管机制应监督企业认真履行相应程序，并对企业薪酬方案进行审核备案。此外，我国应建立注重实业投资的政策导向，抑制金融和资产泡沫过度膨胀，打击不规范甚至违法套利行为，防止金融类行业的畸形发展。让金融类企业更好地服务于实体经济，而不是切割甚至掏空实体经济利润。

其次，要以调整垄断行业的利润分配格局作为理顺行业工资收入关系的基础条件。既要采取措施调节其利润率水平，也要建立国家和社会公众合理分享其经营收益的机制。因此，今后一段时期要按照国家和公众利益至上的原则，严格控制并调整垄断行业各类产品和服务的价格，取消各种不合理收费项目，调整其利润率水平；要逐步上调资源税比例，以及国有垄断企业的上缴利润比例；要加强对垄断行业企业经营行为的监管，对成本费用进行重点审计，打击不当谋利、过度兼并、随意扩张工资福利等行为。

再次，要对国有垄断企业工资和职工薪酬分配加强行政监管和直接调控。实行职工薪酬水平和职工薪酬总额预算管理制度，放弃工资总额与经济效益挂钩管理办法，对其工资水平和工资总额实施双重调控管理。先按照社会平均工资水平一定比例确定垄断企业的工资水平和职工薪酬水平控制线，再把这一控制线作为核定企业工资总额和职工薪酬总额的预算控制标准。对上一年度工资水平达到社会平均工资3.5倍的企业，可以将其工资总额和职工薪酬总额预算按零增长或参照城镇居民消费物价指数核定；对上一年度工资水平达到社会平均工资2.5倍的企业，可以将其工资总额和职工薪酬总额预算按低于本地区工资指导线基准线标准核定。

最后，要调节高工资行业企业负责人与社会平均工资和企业普通职工的工资关系，使之保持在合理倍数范围之内。因为同为东亚国家且文化传统相近，所以参考韩国和日本企业CEO薪酬相当于制造业员工工资收入10倍左右的水平，我国对垄断行业主要负责人薪酬水平的控制标准应在职工平均工资 10 倍以内为宜。为与垄断企业的公益性合理定位相衔接，树立国家和社会公众利益至上的经营理念，应改进对垄断企业负责人的年度考核和任期考核指标体系，既要考核收入、利润增长指标和资产增值指标，也要重点考核企业社会责任和利润分配指标。要重点改进金融机构高管薪酬监管办法，有效控制其薪酬水平的快速攀升，缓解对其他行业国有企业负责人薪酬监管的冲击。

第五章 企业工资水平及工资增长

一 私营企业与国有企业的工资比较

改革开放以来，特别是实行社会主义市场经济后，我国私营经济快速发展，逐步形成了多种所有制经济共同发展和相互融合的格局。私营企业逐步扩大，对推动经济增长、促进就业、强化市场机制、稳定社会管理日益发挥重要作用。2011年仅纳入统计范围的城镇私营企业就业人员就已近7000万人，开始超过城镇国有单位全部就业人员的总量。但是，长期以来，有关私营企业的统计资料非常有限，有关工资分配的统计资料更是欠缺。自2009年起，国家统计部门开始对外公布全国城镇私营单位就业人员工资水平及增长的统计数据，至今仍然是与全国城镇非私营单位就业人员的工资水平及增长数据并行发布。现在统计发布的虽然是私营单位而不是私营企业的工资数据，但是其中按照产业分类的相关数据还是可以反映出私营企业的工资水平及增长的大体情况。

私营企业和国有企业是我国市场经济环境中两个最主要的市场经营主体。在其他市场经济国家，私营企业的工资水平及增长与国有企业的工资及增长关系密切，两者之间普遍存在某种形式的相互协调机制。但是在我国，不仅这两类企业的工资统计数据仍有欠缺，而且两者相互之间的工资协调机制也没有建立起来。对此，我们可以先使用现有资料进行对比分析，从而对这两类企业的工资水平及工资增长情况做出较为客观的评估，并发现其中存在的相关问题。

（一）工资水平及工资增长总体情况比较

由于至今仍缺少对私营企业和国有企业工资水平进行直接比较的权威数据，我们只好暂且使用私营单位和国有单位工资水平数据从不同角度进行间接比较。私营单位中的绝大部分应该是私营企业，那么其工资水平也基本能够代表私营企业。国有单位中国有企业也占大部分，而且各类国有单位之间的工资水平总体平衡且差别不大，所以也可以从总体上与私营企业进行对比分析（见表5-1）。

表5-1　私营单位与国有单位就业人员工资水平比较

年　度	2008	2009	2010	2011	2012	2013	2014
私营单位工资水平（元）	17071	18199	20759	24556	28752	32706	36390
国有单位工资水平（元）	30287	34130	38359	43483	48357	52657	57296
私营单位/国有单位（%）	56.4	53.3	54.1	56.5	59.5	62.1	63.5

资料来源：根据《中国统计年鉴》及国家统计局公布数据整理。

根据表5-1，2009～2011年，城镇私营单位就业人员平均工资年平均递增为12.9%，城镇国有单位就业人员平均工资年平均递增为12.8%，两者增速大体相当。但是，这三年两者的年度工资增长速度有一些差异。2009～2011年，城镇私营单位就业人员平均工资年增长率分别为6.6%、14.1%和18.3%，明显呈现先低后高的态势，2009年只有6.6%，2010年和2011年工资增长逐步加快。同期，城镇国有单位就业人员平均工资的年增长速度则每年都在12%以上，比较平稳，并无明显波动。

从表 5 - 1 可以发现，与城镇国有单位相比，城镇私营单位就业人员工资水平一直比较低，2008 年私营单位的工资水平仅相当于国有单位工资水平的 56.4%，仅是国有单位的一半多一点，2009 年和 2010 年这一比例还要更低一些。2011 年，私营单位工资水平相当于国有单位工资水平的比例回升到 2009 年的水平，此后逐步上升，到 2014 年上升到 63.5%，此间总共上升了 7 个百分点。私营单位的工资水平在城镇各类用人单位中是最低的。比如，2011 年私营单位的工资水平比集体单位的工资水平还要低 4000 多元。也就是说，那时私营单位就业人员的工资水平只是比农民工工资水平略高一些。

根据表 5 - 1 和表 5 - 2，可以发现，2009 ~ 2014 年，城镇私营单位工资水平相当于城镇国有单位工资水平的比例之所以总共上升了 7 个百分点，主要是因为这期间私营单位工资水平的年平均递增速度相对较快。此间，私营单位工资年平均增速为 13.4%，国有单位工资年平均增速为 11.2%，私营单位工资增速领先了 2.2 个百分点。如果按照其中与企业生产经营直接相关的 12 个行业总体工资增长情况比较，那么私营单位工资年平均增速为 13%，国有单位工资年平均增速为 11.9%，私营单位工资增速仍然领先于国有单位。分年度看，2009 年私营单位工资增速只有 6.6%，大约只是国有单位工资增速的一半，但 2010 年以后各年度，私营单位工资增速都不同程度地高于国有单位，从而使两者之间工资水平差距逐渐开始缩小。2009 年私营单位工资增速低，主要是受到了金融危机影响，这也是由私营企业对市场变动更为敏感的自身特性决定的。2010 年和 2011 年私营单位工资增长加速，一方面与国内经济增长依然强劲和外贸出口恢复增长有关，另一方面也与国家努力提高低收入者工资收入的各项政策出台有关。2012 年后，私营单位和国有单位的工资增速都呈现逐步回落的态势，私营单位的回落幅度更大一些，这也是与我国经济增长和国际经济环境变动情况相一致的。

表5-2 私营单位与国有单位就业人员工资增长比较

单位:%

年 度	2009	2010	2011	2012	2013	2014	年平均增速
私营单位工资增速	6.6	14.1	18.3	17.1	13.8	11.3	13.4
国有单位工资增速	12.7	12.4	13.4	11.2	8.9	8.8	11.2

注:工资增长速度为货币工资增长速度,未剔除价格因素影响。

资料来源:根据《中国统计年鉴》及国家统计局公布数据整理。

私营企业之所以工资水平低,对市场环境和市场变动更为敏感,就在于其经营规模相对较小,资源配置市场化程度高,产品和服务竞争激烈且出口份额较大,风险意识和应急反应能力较强。2009年其工资增速较低,主要就是受到了国际金融危机的影响。

(二) 同行业企业工资增长比较

根据我国行业分类目录,我们可以从中选取与企业经营直接相关的12个行业,以同行业中的私营单位和国有单位行业工资水平作为私营企业与国有企业工资水平的基本状况,对比分析2009~2014年这两类企业的工资增长状况(见表5-3)。

表5-3 2009~2014年同行业私营企业与国有企业工资增速比较

单位:%

行 业	工资年平均递增速度	
	私营企业	国有企业
农、林、牧、渔业	13.0	14.4
采矿业	14.1	9.1
制造业	15.6	14.6
电力、燃气及水的生产和供应业	13.3	12.2
建筑业	14.3	10.8
交通运输、仓储和邮政业	14.6	13.3
信息传输、计算机服务和软件业	12.6	8.1

行　业	工资年平均递增速度	
	私营企业	国有企业
批发和零售业	13.8	15.7
住宿和餐饮业	13.5	13.6
金融业	6.4	10.9
房地产业	12.1	10.4
租赁和商务服务业	13.1	10.1

资料来源：根据《中国统计年鉴》及国家统计局公布数据整理。

从表 5 - 3 可见：2009 ~ 2014 年，在这 12 个行业中，私营企业工资年平均增速高于国有企业工资年平均增速的总共有 8 个行业，占行业总数的 2/3；私营企业低于国有企业工资年平均增速的总共有 4 个行业，只占行业总数的 1/3。这表明，在这个时期内私营企业工资增长快于国有企业是比较普遍的现象，其中既有劳动密集型企业，也有资本和技术密集型企业。但值得注意的是，同样是金融类企业，国有金融类企业的工资增长却比私营金融类企业快了很多。不仅如此，如果观察此间各年度两类金融企业的工资增长速度，还可以发现私营金融类企业的工资增长随国际国内经济形势和市场环境变动幅度很大，增速总体下浮明显，有的年度甚至出现负增长，但国有金融类企业的工资增速却相对平稳，受国际国内经济形势和市场环境变动的影响较小。这说明金融类企业整体工资水平偏高且与其他行业工资差距较大等问题主要集中在国有金融类企业内部，这与它们所处的相对垄断地位和比较优越的经营条件确有关联。

（三）私营企业与国有企业工资水平行业差距比较

从前述内容中我们了解到，私营企业和国有企业的总体工资水平存在很大差距，但近一时期两者工资增长速度差异不大，甚至私营企业的工资增长速度还略快于国有企业的工资增长速度。但是，私营企业与国有企业工资水平的总体行业差距如何，在各行业中的工资水平差距又是如何，其中表现出怎样的特点及相互间的差别呢，还需要我们做进一步分析（见表5-4）。

表5-4　2009年和2014年私营企业和国有企业工资的行业差距

单位：元，%

行　业	2009 年			2014 年		
	私营企业	国有企业	私营/国有	私营企业	国有企业	私营/国有
农、林、牧、渔业	14585	14160	103.0	26862	27782	96.7
采矿业	18553	38626	48.0	35819	59765	59.9
制造业	17260	31142	55.4	35653	61600	57.9
电力、燃气及水的生产和供应业	17795	42160	42.2	33184	74914	44.3
建筑业	19867	27750	71.6	38838	46409	83.7
交通运输、仓储和邮政业	19634	34976	56.1	38891	65417	59.5
信息传输、计算机服务和软件业	28166	42379	66.5	51044	62629	81.5
批发和零售业	17775	30908	57.5	33894	64186	52.8
住宿和餐饮业	15623	21177	73.8	29483	40103	73.5
金融业	30452	56719	53.7	41553	94943	43.8
房地产业	21334	30800	69.3	37826	50597	74.8
租赁和商务服务业	21344	30431	70.1	39414	49286	80.0

资料来源：根据《中国统计年鉴》及国家统计局公布数据整理。

在表5-4所示的12个行业中，2009年私营企业中工资水平最高的是金融业，工资水平最低的是农、林、牧、渔业，最高/最低工资倍数为2.09倍。2009年国有企业中工资水平最高与最低的两个行业与私营企业完全相同，最高/最低工资倍数为4.01倍。可以发现，该年度国有企业的行业工资差距比私营企业的行业工资差距要高2倍。再看2014年，私营企业中工资水平最高的是信息传输、计算机服务和软件业，工资水平最低的仍然是农、林、牧、渔业，最高/最低工资倍数为 1.90 倍；国有企业中工资水平最高的仍然是金融业，工资水平最低的仍然是农、林、牧、渔业，最高/最低工资倍数为 3.42 倍。5 年间，私营企业和国有企业的行业工资差距都有所缩小，私营企业中的行业工资差距缩小了 0.19 倍，幅度为 9.1%；国有企业中的行业工资差距缩小了 0.59 倍，幅度为 14.7%。但 2014 年国有企业的行业工资差距仍然比私营企业高出 1.52 倍。

如果从每个行业的私营企业和国有企业的工资差距角度进行对比分析，可以发现一个耐人寻味的现象：私营企业与国有企业工资差距较小的行业大都是工资水平较低的行业，工资差距较大的行业则往往是国有垄断程度较高的高工资行业。如果以私营企业平均工资高于同行业国有企业平均工资的 70% 为基准，将高于这一比例的行业定义为两者工资水平较为接近的行业，那么 2009 年私营企业工资水平接近国有企业工资水平的行业分别是农、林、牧、渔业 103%，建筑业 71.6%，住宿和餐饮业 73.8%，租赁和商务服务业 70.1%；2014 年私营企业工资水平接近国有企业工资水平的行业分别是农、林、牧、渔业 96.7%，建筑业 83.7%，信息传输、计算机服务和软件业 81.5%，住宿和餐饮业 73.5%，房地产业 74.8%，租赁和商务服务业 80.0%。在这些私营企业与国有企业工资水平较为接近的行业当中，两者工资水平最为接近的是农、林、牧、渔业，多年来几乎完全一样。其中除了信息传输、计算机服务和软件业不属于低工资行业之外，其他行业几乎都在第四章曾经归纳的低工资行业范围之内。在这里，信息传输、计算机服务和软件业之所以是一个例外，是因为这个行业技术含量高、员工素质结构相对较高，但市场化程度、市场竞争和人才竞争程度也很高，所以员工的整体工资水平相对较高，同行业内部不同类型企业的工资差别相对较小。而对于其他低工资行业则是另外一种情形。这些低工资行业的市场准入门槛低，大都属于劳动密集型行业，生产经营中的技术含量并不高，员工素质结构相对偏低，因此市场化程度最高，市场竞争程度也最为激烈。在这些因素的综合影响下，工资水平和工资关系基本上是由市场决定的，均衡工资率的形成机制在其中发挥出了更大、更明显的作用。但是在另一端，私营企业和国有企业工资差距的情况与特征恰好相反。如果以私营企业平均工资低于同行业国有企业平均工资50%以下为基准，将低于这一比例的行业定义为两者工资水平差距过大的行业，那么2009年分别是电力、燃气及水的生产和供应业42.2%，采矿业48.0%；2014年则分别是电力、燃气及水的生产和供应业44.3%，金融业43.8%。总之，对这种现象可以概括地解释为，如果国有企业行业垄断程度不高，参与市场竞争程度较高，则私营企业与国有企业工资水平的行业差距就有可能小一些；如果国有企业行业垄断程度较高，则私营企业与国有企业工资水平的行业差距就有可能扩大。

二　小微企业工资水平及增长分析

长期以来，社会公众比较重视行业工资差距，但不大重视不同规模企业工资差距。我国小微企业数量占企业总数的95%以上，全社会多数工薪就业者一般是在小微企业内工作。小微企业职工的工资状况关系到广大职工群众的生活稳定与质量提高，也关系到消费需求和供给质量对国民经济增长的促进作用，更关系到社会的公平正义与和谐稳定。无论是发达国家还是发展中国家，小微企业的数量及其就业人数都占社会绝大多数，但在小微企业中工作的劳动者的工资水平则普遍低于行业平均水平，更低于大企业的工资水平。根据生产决定分配的原理，人们对这种现象不难理解，由于不同规模企业的劳动生产率水平本身存在明显差距，所以在工资水平上必定也会存在差距。然而，在工资水平和劳动生产率水平的相互关系和具体差距的程度上，不同国家却展现出明显不同的特点，且对小微企业工资水平的合理定位及增长会产生一定的制约作用。

为了进一步探索促进我国小微企业工资持续增长的方式方法，我们现以制造业为例，主要依据我国两次全国经济普查数据和国外相关数据，对此问题进行具体分析。

（一）小微企业工资水平及增长情况

我国分别于 2004 年和 2008 年进行了第一次和第二次全国经济普查，在随后公布的普查结果中，包括了规模以下工业企业[①]的相关数据，使我们可以据此对小微企业的工资水平及增长情况进行分析。但遗憾的是，查询 2012 年全国经济普查结果，我们已找不到规模以下工业企业工资方面的相关数据，因而影响到后续的分析。

根据 2004 年和 2008 年两次全国经济普查结果，以在各行业中最具代表性的工业企业为例，我们可以了解到当时小微企业工资水平低且增长慢的基本情况。2004 年，全部工业企业职工人均工资福利水平为 13488.71 元，但同年规模以下工业企业（以下称为"小微工业企业"）职工人均工资福利水平只有 8555.03 元，小微工业企业职工人均工资福利水平仅相当于全部工业企业职工人均工资福利水平的 63.4%。2008 年，全部工业企业职工人均工资福利水平为 25884.21 元，同年小微工业企业职工人均工资福利水平只有 13250.05 元，小微工业企业职工人均工资福利水平仅相当于全部工业企业职工人均工资福利水平的 51.2%。2004 ~ 2008 年，全部工业企业职工人均工资福利水平年递增速度为 17.7%[②]，但同期小微工业企业职工人均工资福利水平年递增速度只有 11.6%。在工资福利水平增长速度上存在 6.1 个百分点的较大差距，致使小微工业企业职工

[①] 根据目前国家对工业企业类型的划分标准，从业人员在 300 人以下，且营业收入在 2000 万元以下的为小型、微型工业企业。全国经济普查将主营业务收入每年在 500 万元以下的工业企业归入规模以下工业企业，因此，规模以下工业企业应当是更具典型意义的小微企业。

[②] 在工资福利水平年递增速度计算中未剔除居民消费价格变动因素。

人均工资福利水平相当于全部工业企业职工人均工资福利水平的比例下降了 12.2 个百分点。

（二）小微企业工资水平与行业水平差距

全国经济普查披露的数据显示，2004 年，全国制造业企业的平均工资福利水平（福利中仅包括企业支出的部分社会保险费用）为 12687 元，同年规模以下制造业企业的平均工资福利水平为 8428 元，规模以下制造业企业的工资福利水平相当于全部制造业企业工资福利水平的 66.4%。2008 年，全国制造业企业的平均工资福利水平为 25219 元，同年规模以下制造业企业的平均工资福利水平为 13242 元，规模以下制造业企业的工资福利水平仅相当于全部制造业企业工资福利水平的 52.5%。从中可以发现，规模以下制造业企业工资福利水平相当于全部制造业企业工资福利水平的比例竟然在 4 年间大幅下降了近 14 个百分点。2004~2008 年，全部制造业企业工资福利水平年平均递增速度高达 18.7%，而规模以下制造业企业工资福利水平年平均递增速度只有 12.0%，两者在工资增速上的差距高达 6.7 个百分点。可以由此认定，在这 4 年间，不同规模企业的工资福利水平差距呈现迅速扩大的态势。

根据目前查找到的部分国家相关数据资料，我们可以发现，欧、美、日等国家不同规模制造业企业间的工资水平差距从未达到像我国这样大的程度。如果以部分欧美国家 250~499 人企业的货币工资为行业平均值计算，其 10~49 人的小企业的货币工资水平均相当于行业平均值的 70% 以上的情况是，美国为 71.6%，英国为 89.9%，德国为 75.3%，法国为 90.8%。以日本历史数据为例，如果以 30 人以上制造业企业货币工资水平作为行业工资水平的基准值，其 30~49 人小型制造业企业的货币工资水平相当于行业工资水平的比例，1990 年是 78.0%，1995 年是 78.5%，2000 年是 77.3%，2005 年是

75.4%，2007 年是 75.8%。如果以 5 人以上制造业企业货币工资水平作为行业工资水平的基准值，日本 5～29 人的小型制造业企业货币工资水平则相当于行业工资水平的 77.2%。

如上所述，我国小型制造业企业工资水平相当于行业工资水平的比例要比欧、美、日等国家低了至少 20 个百分点。这足以证明，我国同行业不同规模企业之间的工资水平差距确实较大，而且这种差距逐渐扩大的趋势比较明显，这对我国逐步扭转并缩小不合理的工资分配差距非常不利。

（三）小微企业生产率水平与行业水平差距

国内外研究成果表明，不同规模企业工资水平的差距主要是由生产率水平的差距所导致。在国内外的一些统计资料中我们可以发现，与企业规模从小到大分布状态相同，人均产值或人均附加值也呈现由低到高的分布状态。这种分布规律说明，在同行业企业内部，生产率水平是决定不同规模企业工资水平高低的最重要的因素。比如，笔者对日本不同规模制造业企业的工资水平和生产率水平相互差距的相关分析显示：以制造业企业的平均值为坐标，30 人以下企业工资水平差距与生产率水平差距的相关系数为 0.95；以 1000 人以上大企业为坐标，30 人以下企业工资水平差距与生产率水平差距的相关系数更是高达 0.97。

根据全国经济普查披露的数据，以工业企业为例，2008 年小微工业企业职工人均工资福利水平仅为全部工业企业职工人均工资福利水平的 51.2%，也就是说，全部工业企业的工资福利水平大致是小微工业企业工资福利水平的 2 倍，但两者之间的劳动生产率水平差距更大。2008 年，全部工业企业以人均产值计算的劳动生产率[①]水平

---

① 现公布的《中国经济普查年鉴 2008》中未披露工业增加值数据，故无法按工业增加值计算劳动生产率。

是 689115.3 元/（人·年），而小微工业企业的劳动生产率水平却只有 115656.8 元/（人·年），小微工业企业的劳动生产率水平仅为全部工业企业平均值的 16.8%，即全部工业企业平均值是其 6 倍。由于小微工业企业与其他工业企业在劳动生产率方面的差距远远大于工资福利水平方面的差距，所以其相对人工成本水平大大高于其他企业，因而小微工业企业人工成本和全部成本的压力都比较大。以人事费用率[①]为例，2008 年，全部工业企业的平均值是 3.76%，而小微工业企业却高达 11.46%，以同等产出价值计算，小微工业企业的人工成本支出水平竟然是全部工业企业平均值的 3 倍。因此，尽管小微工业企业的工资福利水平较低，但其相对人工成本水平较高的情况说明它在同业竞争中并不具备人工成本竞争优势。

根据全国经济普查披露的数据，以制造业企业为例，2004 年全国制造业企业以人均产值计算的劳动生产率水平为 240032 元/（人·年），规模以下制造业企业的劳动生产率水平为 77395 元/（人·年），规模以下制造业企业的劳动生产率水平相当于行业平均值的 32.2%。2008 年全国制造业企业以人均产值计算的劳动生产率水平为 446776 元/（人·年），规模以下制造业企业的劳动生产率水平为 114825 元/（人·年），规模以下制造业企业的劳动生产率水平仅相当于行业平均值的 25.7%。可以发现，在这 4 年间，规模以下制造业企业劳动生产率水平相当于全部制造业企业劳动生产率水平的比例同样呈现较大幅度下降的状况，即规模以下制造业企业的劳动生产率水平由相当于行业平均水平的 1/3 降为 1/4。2004～2008 年，全部制造业企业劳动生产率年平均递增速度为 16.8%，而规模以下制造业企业劳动生产率年平均递增速度只有 10.4%，两者增速相差 6.4 个百分点。可以认为，在这 4 年间，规模以下制造业企业工资水平与

---

① 人事费用率是指企业人工成本总量在总产出中的比重，是衡量企业相对人工成本水平高低的一项重要指标。

行业水平的差距在扩大，其劳动生产率水平与行业水平的差距也在扩大，两者的变化趋势完全一致。特别值得注意的是，规模以下制造业企业的劳动生产率增长速度不仅比全行业劳动生产率的增长速度慢，而且其劳动生产率增长速度比自身工资增长速度也要慢。

根据部分国家相关资料，我们可以发现欧、美、日等国家不同规模制造业企业劳动生产率水平之间的差距比我国同类企业劳动生产率水平之间的差距要小得多。以日本 30～49 人的小型制造业企业为例，其劳动生产率水平相当于 30 人以上制造业企业平均值的比例，1990 年是 57.1%，2000 年是 53.5%，2007 年是 51.7%。尽管在 17 年间这一比例逐步降低，但其仍在行业平均值的一半以上，而 2008 年我国小型制造业企业的劳动生产率水平只相当于行业平均值的 1/4，比日本企业低了 25 个百分点。相比同行业大企业，欧美国家的小型制造业企业的劳动生产率水平是要低一些，但一般不会差距太大。比如，以 1000 人以上的大企业为标杆，观察 10～49 人的小型制造业企业的劳动生产率水平，美国在 65% 左右，英国、德国等均在 70% 以上，与其工资水平差距大体相当，即使大于工资水平的差距，但是这种差距一般也只有 3～5 个百分点。

如上所述，我国小型制造业企业劳动生产率水平相当于行业水平的比例要比欧、美、日等国家至少低了 25 个百分点。这一方面说明我国不同规模企业之间的劳动生产率水平差距过大；另一方面说明我国不同规模企业之间劳动生产率水平差距比其工资水平差距还要大得多。如果不同规模企业间劳动生产率水平差距进一步扩大的趋势得不到有效遏制，那么对于我们所期望的促进小型企业工资合理增长，逐步扭转并缩小工资分配差距，都会缺少必要的基础条件。

（四）小微企业的工资—生产率平衡系数

从理论上讲，小微企业工资水平低是由于其劳动生产率低，工资增长慢是由于其劳动生产率增长慢，两者存在很强的相关关系。只要小微企业的劳动生产率提升速度快于同行业企业，那么将有利于逐步缩小不同规模企业间的工资差距；反之则容易扩大这种差距。由此可以形成一个推论：小微企业与全行业企业的劳动生产率水平之间的差距与其工资水平之间的差距相比较，如果这两个差距的比值越大，则工资水平与其劳动生产率水平越是处于一种较为有利的平衡状态，也越有利于小微企业工资水平的合理定位，并且在其劳动生产率现有水平及有效增长的强力支撑下使员工的工资水平得到逐步提升，且不易损害企业的生存发展能力，从而可以更为合理有效地促进小微企业工资增长。

在这里，笔者提出一个"生产率—工资平衡系数"（以下简称平衡系数）的概念和计量方法，可以从宏观和微观两个方面衡量支撑小微企业工资水平和促进其工资增长的潜在能力的大小。这一平衡系数可以按照以下公式计算：

$$R = \frac{L/Lp}{W/Wp}$$

R：生产率—工资平衡系数；

L：企业劳动生产率；

Lp：行业劳动生产率；

W：企业工资水平；

Wp：行业工资水平。

按照这一公式可以计算小微企业的平衡系数，这个平衡系数越是趋向于1，则小微企业的工资水平与劳动生产率水平之间的相互关系越是趋于平衡，工资增长的生产率支撑能力就越强，客观条件就越好，企业承受的压力就越小；这个平衡系数值越小，则小微企业的工资水平与劳动生产率水平之间的相互关系就越不平衡，工资增长的生产率支撑能力就越弱，客观条件就越差，企业承受的压力也就越大。

根据笔者对我国 2004 年和 2008 年两次全国经济普查数据的测算，2004 年我国小型制造业企业的平衡系数为 0.4854，2008 年的平衡系数为 0.4895。这两个系数表明，生产率水平对工资增长的支撑能力不到 50%，属于明显偏低的水平，4 年间虽然略有提高，但变化极其微弱，基本上在原地踏步。以日本 30~49 人小型制造业企业的数据计算，其平衡系数 1990 年是 0.7324，2000 年是 0.6928，2007 年是 0.6816。可以发现，日本小型制造业企业的工资水平与生产率水平的相互平衡关系要明显好于我国同类制造业企业，虽然 17 年来的平衡系数呈现逐渐降低的态势，平衡关系趋于恶化，但生产率水平对工资增长的支撑能力仍然接近 70%。再以目前得到的几个欧美国家的小型制造业企业相关的零散数据计算，美国、英国和德国企业的平衡系数均在 0.9 左右。这说明，欧美国家小型制造业企业与同行业相比，工资水平差距与劳动生产率水平差距基本相当，生产率水平对小型制造业企业工资水平及增长的支撑能力很强，而我国和日本小型制造业企业在这方面就要差一些，特别是我国小型制造业企业工资水平与生产率水平的平衡状况要更差一些。

（五）我国小微企业平衡系数偏低的原因

1. 发展的驱动条件较差

我国小微企业主要是劳动密集型企业。在同行业企业中，劳动生产率水平较低，人工成本相对水平较高也正是劳动密集型企业的普遍特征。小微企业劳动生产率水平低，一是与其资本有机构成和生产装备水平较低有密切关系。如 2008 年小微工业企业的人均资产水平仅为全部工业企业人均资产水平的 22.3%。二是与其员工的技能水平和综合素质偏低有密切关系，由于工资福利水平低，所以其很难招聘、培养、使用和留住技能水平和综合素质较高的员工。三是与其产品和技术创新水平偏低有密切关系。据国家统计局"2006

年全国工业企业创新调查统计数据"披露，以"有创新活动企业数占全部企业数比重"衡量，小型工业企业只有25.2%，但大型和中型工业企业分别为83.5%和55.9%；以"创新费用支出占主营业务收入比重"衡量，小型工业企业只有1.03%，但大型和中型工业企业分别为2.72%和1.77%；以"新产品销售收入占主营业务收入比重"衡量，小型工业企业只有7.7%，但大型和中型工业企业分别为18.6%和11.1%。

2. 税费负担和利息负担沉重

2008年第二次全国经济普查结果披露，在税收负担方面，以"应交增值税占总产值比重"指标分析，全部工业企业的平均值为2.14%，而小微工业企业则高达3.59%；以"主营业务税金及附加占主营业务收入比重"指标分析，全部工业企业的平均值为1.26%，而小微工业企业则是1.78%。由此可以发现，尽管我国目前对中小企业已有一些税收优惠措施，但还是没能将税收负担降到有利于其正常运营及发展的程度。在利息负担方面，以"利息支出占总产值比重"指标分析，全部工业企业的平均值为0.64%，小微工业企业为0.54%。虽然小微工业企业低于全部工业企业的平均值，但正是因为小微企业从银行获得的贷款相对较少，其在生产经营过程中要大量使用自有资金或亲友间的调剂资金，所以相应减少了利息支出，而高利贷只有在应急时才会考虑，否则无异于"自杀"行为。在税收负担以外，小微企业实际承受的各种费用和利息支出负担应该可以从营业费用、管理费用和财务费用这三项费用的支出中体现出来，以"三项费用占主营业务收入比重"指标分析，全部工业企业的平均值为7.83%，而小微工业企业则高达9.11%。因此，在生产经营过程中，小微企业不仅相对人工成本水平较高，而且较重的税费和利息负担也使企业相对运营成本较高，这确实给企业生产经营和工资增长带来了不利影响。

3. 收益分配机制和分配格局不太合理

很有意思的是，根据 2008 年第二次全国经济普查结果，尽管小微工业企业的相对人工成本水平较高，企业运营中的三项费用也相对较高，但是其总成本水平却低于全部工业企业的平均值，而利润率水平却高于全部工业企业的平均值。在总成本水平方面，以"主营业务成本占主营业务收入比重"指标分析，全部工业企业的平均值为 84.98%，而小微工业企业为 80.32%。小微企业总成本水平较低可以为其提高利润率水平创造条件。在利润率水平方面，以"产值利润率"、"总资产利润率"和"净资产利润率"三项指标为例，2008 年全部工业企业的平均值分别为 4.02%、4.70% 和 11.00%，而小微工业企业则分别为 8.98%、7.89% 和 15.15%。这种情况说明，小微工业企业的确在控制企业总成本和提高利润率上想尽了办法，下足了功夫。为压缩总成本，尽可能提高利润水平，小微工业企业主要依靠的是压低产品生产制造过程中的成本费用支出，压低普通员工工资福利增长幅度，压低研究开发费用，压低投资和折旧等，甚至以牺牲企业长远发展利益为代价谋求短期利益。

与国外小企业利润率水平远低于其他企业的情况相反，我国小微企业，一方面企业利润率较高，利润增长较快；另一方面是员工工资福利水平较低，增长偏慢。从企业整体收入分配结果上可以看出，小微企业的收益分配一直向资本一方倾斜。由于众所周知的一些原因，目前绝大多数小微企业合理的工资决定机制和工资正常增长机制并没有建立起来，员工难以正常分享企业生产经营成果，企业收益分配机制和整体格局并不合理。

笔者在与某市 10 家签订过集体合同的小企业的管理人员和职工座谈时了解到，多数企业签订的只是格式合同，其中有 4 家企业的集体合同中竟然没有职工工资增长条款，有的企业规定了相应条款，但只有某种意向性规定。有一家企业的集体合同中规定，企业利润年增长 30% 以上，职工工资可以增长 10% 以上，不但企业利润和工资关系明显不合理，而且如果企业利润增长达不到 30% 的高速度，那么职工工资能否增长就不得而知了。

某市总工会协调组织相关专家对辖区内两个县级市的 13 家中小企业进行实地考察，对企业员工收入状况及行业工资协商方面的内容进行深入调研。其调查结果表明，员工工资正常增长机制缺失。调查的 13 家企业中只有 4 家填写了"与上年相比工资有所增长"，员工工资有所增长的企业比例非常低。多数企业员工的工资即使有所调整，也是基于某类劳动者供给不足或产生较严重的员工流失时才给予相应调整。企业在员工工资增长机制上并不具有规划意识，而是完全处于一种被动状态。一些企业出于劳动力市场的压力而被迫做出工资调整，并不能说明其建立了工资的正常增长机制。另外，在区域性行业性工资集体协商或工资专项合同中，没有涉及区域内行业内工资正常增长的条款，只有最低工资标准保障条款，最低工资标准与该市每年规定的最低工资标准相同。随着最低工资标准的不断调整，员工的工资随之有所变化，但这并不属于我们所提倡建立的工资正常增长机制。[①]

三　垄断企业工资水平及相关问题

在我国，社会公众普遍认为生产经营处于相对垄断地位且工资水平较高的企业主要有金融、烟草、电力、电信、石油、石化等行业企业。根据 2014 年国家统计部门发布的数据估算，这几个行业企业的职工人数虽然只占全部城镇单位就业人员的 7%，但是它们支出的工资总额却占全部城镇单位就业人员工资总额的 12%，说明这些

---

① 郭爱英、宋朝利：《建立中小企业员工工资正常增长机制的调查与思考》，《中国人力资源开发》2008 年第 7 期。

行业企业的工资水平远高于社会平均工资水平。如果从这类企业个体来看，目前这类企业的工资水平一般在社会平均工资的 2 倍甚至 3 倍以上。当然，这样的工资差距还没有将这些企业向员工发放的各类福利包括进来。大家都清楚，垄断企业的福利待遇都比较丰厚，其他企业有的福利项目，垄断企业一般都有，而且都是高标准；其他企业难以负担的福利项目，垄断企业也会设法安排。垄断企业与其他企业在保险福利支出水平上的差距要远远大于相互之间的工资水平差距。由此可见，如果加入保险福利因素，以职工全部薪酬做比较，目前已经过大的工资水平差距还会进一步扩大。

垄断企业能够保持工资福利高水平主要与这类企业能够获取的高额利润紧密联系在一起，垄断带来的高收益可以直接或间接转化为工资和福利项目，有力支持工资收入的较快增长。垄断企业只要占有了国家稀缺的自然资源，或占有了难以替代的水电气、通信和运输等网络资源，或占据了整个产业链的关键环节与高端位置，或占据了专营专卖的市场，就有可能轻松获取高额利润。实际情况也是如此，在很多年份，垄断企业的利润占了国有企业利润的绝大部分。根据全国经济普查资料，我国制造业的主营业务利润率平均在 5% 左右，工资利润率平均在 100% 左右，但一些垄断行业的相关数据则高得惊人。比如，根据全国经济普查资料分析，石油天然气开采、电信和烟草行业的主营业务利润率分别高达 42%、28% 和 17%，工资利润率则分别高达 616%、447% 和 281%。在我国垄断企业工资水平已经很高并与其他企业差距如此之大的情况下，这些行业仍保持着这么高的盈利率，这足以说明其利益格局的稳固程度，以及较为充裕的工资成本负担能力足以支持其工资水平较快增长。

长期以来，我国对国有垄断企业实行的工资总额与其经济效益挂钩的调控方式并不合适，也难以有效控制其工资收入快速增长。在垄断企业可以轻松获利的情况下，将其工资增长与经济效益增长挂钩，无论采用什么样的挂钩指标，安排怎样的挂钩系数，都难以有效控制其工资的快速增长，从而抑制并缩小工资收入差距。有人认为，通过加强行业指标的横向比较，或者合理剔除垄断等"非劳因素"，就可以达到控制目标。但在整个行业处于垄断格局之下，在行业内企业高度集中且相互分工明确的情况下，横向比较并没有什么意义。垄断因素形成的效益其实根本无法合理剔除，因而难以分清哪些增长是"靠天吃饭"，哪些增长是自己努力的结果。

原有改革与调节措施不配套，其并未触及垄断收益产生与分配的关键环节，在监管方面也存在一些漏洞。垄断行业几乎是无偿或以极低的成本代价占有了稀缺的自然资源、网络资源、市场资源和政策资源，这为垄断利润的产生奠定了坚实基础。国有垄断企业的资产属全民所有，企业的目标就是公众目标，企业的利益就是公众利益，企业的盈利本应惠及社会公众，但长期以来企业获得的高额利润大都留在企业内部循环使用。虽然后来国家出台了部分利润由国家收缴的规定，但比例并不大，国家及社会公众还是难以合理分享这些企业的红利，就是已经吸纳了大量社会资本的上市公司也极少向股东派发红利。目前在垄断资源、产品劳务的成本与价格的监管上也存在一些问题，这些价格缺少合理、透明的成本利润基准，难以适应国民经济整体发展需要，也难以得到社会公众认同。

四　理顺企业工资关系的措施

我国私营企业以小微企业居多，小微企业以私营企业居多。私营企业和小微企业的工资收入分配状况，从不同的侧面展现出低工资收入群体的工资收入分配状况。它们在工资分配中的很多问题是相同的或者是相互交织的。国有垄断企业的工资分配状况则展现出了社会和企业工资分配差距的另一端。合理控制并适当缩小我国目前偏高的工资收入分配差距，应当从这两端入手，长期坚持"提低—控高"的工资收入调控政策，积极创造条件，逐步理顺企业工资收入分配关系。

（一）积极促进私营企业和小微企业工资适度增长的措施

积极促进私营企业和小微企业员工工资适度增长，既要从"提低"的角度抑制工资差距继续扩大，又要与提高劳动生产率水平、改善这类企业的经营条件相呼应。促进这类企业千方百计提高劳动生产率，就要为这类企业营造有利于提高劳动生产率的外部环境及相关条件，加紧改善融资环境，切实减轻税费和利息负担，提高优质公共服务，推进集体协商立法和制度建设，构建公平合理的工资分配机制，实施能够激发企业管理、技术和生产操作等方面创新活力的政策，逐步调整不合理的收益分配关系和分配格局。

第一，改善小微企业生存发展环境。一是以提高劳动生产率和促进工资增长为导向，在保障员工基本生活、预留合理人工成本空间基础上，减轻小微企业的税费负担。政府部门可以根据保障小微企业员工基本生活的工资福利支出标准，并参考这类企业适度的人事费用率和劳动分配率水平，确定适用于小微企业的应当给予税收减免的营业额基准，并根据国民经济和社会发展状况逐步提高这个税收减免的营业额基准。二是对企业技术设备更新方面的支出给予相应的税收优惠，提高员工教育培训支出在成本中列支的标准。三是对于政府应扶持的公益性企业减免税收或给予专项补贴。四是改革目前实行的对低工资员工负担过重的养老保险缴费基数确定方式，适当降低企业和员工的社会保险缴纳比例。五是应当规定国有商业银行必须划出一定的贷款额度，贷给那些符合国家产业政策和需要政府扶持的小微企业，专门用于其技术设备的更新改造。

第二，完善集体协商法律法规。坚持劳动关系双方权利义务关系对等原则，在法律法规中增加集体协商的强制性规定，可规定只要集体协商双方中的任何一方以合法代表身份按照规定程序正式提出集体协商要求，另一方必须在一定限期内进行回应，并依法启动集体协商程序。针对小微企业开展协商难的问题，在积极推进区域性、行业性工资集体协商的同时，还可以试行企业职工代表对企业方案表决制，或职工授权委托地方、行业工会代理协商制等多种形式，拓宽集体协商的渠道，以更有效的方式将小微企业引入工资集体协商轨道，建立工资正常增长和利益分享机制。

第三，调整最低工资标准确定依据。有条件的地区应当根据保障工薪就业者及赡养人口的基本生活，以及逐步提升人力资源素质水平的原则制定和调整最低工资标准。各地区最低工资标准不能再以本地区城镇居民5%贫困户的生活费支出水平为依据，而应当提高一个档次，以本地区城镇居民10%最低收入户生活费支出水平为依据制定和调整最低工资标准。否则，过低的最低工资水平不仅难以保障人力资源（在一定时期应具备的一定的素质和能力）的简单再生产，而且更无法保障今后发展所要求的人力资源的扩大再生产。同时，对各地区制定的最低工资标准中所包含的职工个人缴纳社会保险和住房公积金支出的合理比例应尽快做出全国统一性规定，以便使各地区在制定最低工资标准过程中，能统一考虑保障工薪就业者本人及赡养人口正常缴纳社会保险和住房公积金的必要费用。

第四，改善公共服务，加强政府调控。政府在提供公共服务过程中应当尽可能开辟专门为小微企业提供便捷服务的窗口，减免小微企业的各项服务收费，免费提供有利于改善其经营管理的培训项目。政府有关部门可考虑专门建立小微企业运营状况的监控指标，如建立包括小微企业（可先考虑制造业企业或工业企业）在内的企业数量变动、就业人数变动、员工素质结构、劳动争议案件、工资增长状况、社会保障覆盖程度等在内的监测指标体系，作为研究制定政策的依据，提高监控指导与管理服务的水平。采取这些措施，有利于为小微企业提供更好的生产经营和工资增长方面的条件。

第五，帮助企业突破低生产率"瓶颈"。我国小微企业尽管工资水平不高，但其工资水平与全行业企业工资水平的差距远小于相互之间的劳动生产率水平差距，工资水平与劳动生产率水平的相互关系很不平衡，工资增长明显遭遇生产率偏低的"瓶颈"制约。提高小微企业的劳动生产率水平应当紧密结合这类企业的生产经营特点。小微企业大都是劳动密集型企业，不可能一味追求装备率的提高，也不可能单独依靠自身的研发能力，但人的技能素质和企业的运营效率却更为重要。要借鉴部分国家的有益经验，进一步探索与小微企业特点相适应的有效途径。相比大企业，小微企业的优势在于信息敏感，决策迅速，有更强的创新动力，更贴近外部客户，更便于内部人性化管理以提高凝聚力，生产和分配机制更为灵活。如果利用以上优点，进一步改进和加强帮扶措施，就可以充分激发小微企业的活力，更有效地提高其生产率水平。在推进工资集体协商的过程中，可鼓励小微企业劳资双方将研讨改进生产经营和提高生产率的措施纳入协商内容，形成增加工资和提高生产率的完整方案，充分调动企业双方参与协商的主动性和积极性；对小微企业员工、创业者和经营者进行有针对性的技能素质培训，为其提供更多的支持和帮助；借鉴英国、以色列等国家的经验，帮助小微企业建立在生产经营中更方便、更有效地引进和使用先进技术的机制；在公共部门将小微企业作为重点服务对象，更多开设对小微企业优先提供便捷服务的窗口，不断提高公共服务的质量和效率。总之，社会各方面都应采取有效措施，力争使更多的小微企业成为有活力、更和谐、创新型和高增长的企业。

（二）加强调控垄断企业工资分配的措施

现有垄断行业一般都是国家支柱行业，关系国计民生，战略地位重要，企业规模庞大。但在目前和今后一段时期内，我国还不大可能打破这些行业的经营格局，要在近期有效推进垄断行业收入分配改革进程，就应该按照国家和社会公众利益至上的原则，研究出台相应的政策措施，让这类企业在首先满足国家和社会公众利益的前提下获取利润并积累资产，切不可将企业当作为内部人利益服务的工具。

首先，要抓紧调整垄断行业的利润分配格局，建立国家和社会公众合理分享经营收益的分配导向，为逐步理顺整个社会的收入分配关系创造基础条件。一是对资源垄断型企业合理征收资源税，相应建立对特定地区及特定人群的利益补偿机制。二是在成本利润公开透明的基础上严格审定垄断行业各类产品和服务的价格，合理压缩其利润空间。三是逐步上调国有垄断企业上缴利润比例，将上缴利润专门用于国家改善民生的各个领域，如补偿社会保障资金缺口部分，或用于对普通职工工资增长缓慢的困难企业实行适当的税费减免。四是在鼓励垄断企业广泛吸纳社会资本的同时，规定这类企业只要超过一定利润率水平就必须向社会股东分配红利，并对留存于企业内部的利润规定限制标准和使用方向。五是依据《反垄断法》、《国有资产法》等法律法规，严格监督企业经营行为，加强对其成本费用支出的重点审计，打击不当谋利、过度兼并、随意扩张隐性福利等行为。

其次，政府部门应对国有垄断企业的工资和员工薪酬分配加强行政监管和直接调控。政府部门应放弃原有的工资总额与经济效益挂钩的管理办法，探索更加公平和有效的工资水平和工资总额双重调控管理办法。尤其是对于现有工资水平过高、与同行业私营企业工资差距过大的企业，应当以同行业私营企业工资水平为参照，进一步加大对其工资水平和工资总额的调控力度。

再次，严格规范由组织任命的企业负责人的薪酬管理，抓紧制定实施细则，加强对集团总部和子公司各级管理人员薪酬分配的指导。根据我国国情和行业垄断特征，在现阶段还必须重点调节好企业负责人与社会平均工资，与企业普通职工工资的双重关系，使之保持在差距合理适度的范围之内。为与垄断企业的公益性合理定位相衔接，树立国家和社会公众利益至上的经营理念，应改进对垄断企业负责人的年度考核和任期考核指标体系，既要考核收入、利润增长指标和资产增值指标，也要重点考核企业社会责任和利润分配指标。对垄断企业虽然不宜采用股权激励方式，但可以根据考核结果和股东提议采用适当的中长期激励办法，激励那些能够为国家和公众利益以及企业发展做出重大贡献的企业负责人。同时，在推进企业混合所有制改造的进程中，特别需要加快国有企业职业经理人队伍建设，在此基础上逐步引进和完善市场化选人用人机制和与之相适应的薪酬分配管理机制。

最后，改革垄断企业人力资源管理体系，营造为国为民努力奉献、开拓进取的企业文化。要统一公开招聘、培养、选拔、使用和激励有高度社会责任感的各类专业人才，尽快归并理顺目前种类繁多、差异较大的用人用工制度，严格依据《劳动法》、《劳动合同法》规定使用劳务派遣和临时用工，不断改进完善"岗位定薪、职业发展、市场定位、按绩取酬"的薪酬分配制度，切实贯彻按劳分配、同工同酬的分配原则。要强化集团各单位和各类职工的绩效管理考核制度，合理分解落实企业社会责任和战略发展指标，切实做到人员能进能出、岗位能上能下、收入能增能减，实现员工与企业共同发展。

第六章　政府的工资调控体制

依据党和国家提出的充分发挥市场机制决定作用、更好发挥政府作用、全面建设法治国家等改革新要求，结合在工资收入分配领域进行深化改革的新任务，我们有必要通过分析现行企业工资调控体制各个方面存在的问题，明确深化改革的方向、目标和任务。

政府调控企业工资分配的体制是指，政府部门在国家法律规定的职责和权限范围内，对各类企业工资分配实施调控的组织体系和制度形态。按照全面深化改革的目标和要求，为深入分析政府对企业工资调控现行体制方面存在的各种问题，首先要分析政府工资调控的职能定位体系，看其是否能够摆正和理顺政府工资调控与市场工资调节的相互关系，是否仍然存在政府工资调控政策的缺位或越位的问题；其次要分析政府调控企业工资的法律法规体系，看其是否完备，能否使政府部门在组织开展各项工资调控工作中具备明确、充分的法律依据，能否使政府部门正常履行依法调控的各项职责，合理运用法制化的调控机制，达到规范市场工资调节和政府工资调控的双重目的；再次要分析政府调控企业工资的手段体系，看政府为依法履行工资调控职能的基本手段和方法是否完备并相互配套，能否有利于政府担负并完成调控企业工资分配的目标任务；最后要分析政府工资调控的内部组织体系，看相关机构之间的横向与纵向的分工协作关系是否合适，是否有利于调控政策的一致性和调控任务的顺利完成。

一　工资调控的职能体系

现代市场经济的一个突出特点是，市场调节与政府调控相互伴随，"看不见的手"与"看得见的手"相互作用，微观目标与宏观目标相互协调。在企业工资分配领域，处理好市场调节与政府调控的相互关系，既是建立健全企业工资分配体制的核心问题，也是建立健全政府调控企业工资分配体制的首要任务。

20世纪90年代，我国开始建立市场导向的企业工资分配体制，确定了"市场机制调节、企业自主分配、职工民主参与、政府监控指导"的目标模式。[①] 其中，一方面确认了市场机制对企业工资分配的基础调节作用，另一方面确认了政府应当担负对企业工资分配的宏观调控作用。这种改革模式将政府工资调控定位于市场工资调节的基础之上是合理而又准确的，有利于妥善处理市场调节与政府调控之间的关系，也有利于政府机构相应担负并正常履行立法执法、经济调节、信息引导、国企监管等工资宏观调控职能。

（一）政府工资调控"到位"情况

根据相对成熟的市场经济国家政府对企业工资进行调控的做法与经验，政府工资调控应当或可以承担的基本职能包括：规范微观工资分配行为与秩序，保障市场工资分配机制的规范性和有效性；制定实施强制性的工资基准，如保障付出正常劳动的工薪就业者能够获得维持自己及其家庭赡养人口特定生活水平的最低工资标准，以及合理补偿额外劳动付出的加班工资标准等，确保公平分配的底线；监管国有企业工资分配，使具有各类资源优势并处于市场相对垄断地位的国有企业，以及难以保障工资水平正常增长的公益性国

---

① 邱小平主编《工资收入分配》，中国劳动社会保障出版社，2004年。

有企业的职工工资水平和高管薪酬水平都能够得到合理调节，防止国有企业内部和整个社会工资水平差距超出适度范围；提供政策指导及相关数据信息服务，引导市场主体通过集体协商等方式合理进行工资分配决策。

在规范微观工资分配行为与秩序方面，我国在建立社会主义市场经济制度伊始就着手建立劳动法制体系，陆续颁布实施了《劳动法》、《劳动合同法》等相关法律，其中包括规范劳动力市场及工资分配的基本条款。国务院及相关政府部门根据工资调控需要，也依法颁布实施了很多行政法规和政策文件，对企业工资调控制度和政策做出安排，对企业工资分配中的违法违规行为也规定了相应的监督、纠正和惩罚措施。为制定和实施保障劳动者工作与生活的底线工资基准，国家及早建立了最低工资保障制度，由各地区政府制定并适时调整最低工资标准。为监管调节国有企业工资分配，各级政府部门（包括国有资产监管机构）仍然将国有控股企业的工资总额、工资总水平以及企业负责人的薪酬纳入直接管控范围，而没有忽视其特殊性，将其完全纳入市场调节轨道。为提供政策指导和信息服务，各级政府部门在工资协商决定、工资合理增长、工资正常支付甚至企业内部工资分配方式方法等方面出台了很多指导性文件，并且定期制定颁布工资指导线，统计发布劳动力市场工资指导价位和行业人工成本信息，以尽力提供这类公共服务产品的方式，帮助企业合理进行工资决策和工资分配。总体而言，政府机构目前确实已经承担了调控企业工资分配方面的各项基本职能。

但是，根据我们了解到的情况，政府在调控企业工资分配方面至今仍存在一些职能没有实际到位和完全到位的问题。其一，与企业工资调控相配套的法律法规体系还很不完备。国内至今既没有一部较为系统的工资法典，也没有较为系统的劳动关系或劳资关系法典，^① 虽有一些不同层次的单项法规，但立法层次不高，在权威性、合理性、协调性等方面都存在缺陷。这种状态显然不利于加强对企业工资决定和市场工资调节机制的规范，也不利于加强对企业工资分配的违法违规行为的监督管理和执法处罚。其二，在制定调整工资基准方面，最低工资标准保障目标和调整机制化程度还不尽合理。其三，政府部门对国有企业工资分配仍然是多头管控，以致权力分割、体制不顺、职责不清，不仅缺乏统一调控政策和调控方式，影响了调控的整体协调性，而且对部分企业（如金融企业）缺乏严格监管，有些企业甚至存在监管空白。其四，政府部门对调控各类工资差距仍然缺少有效的调控制度和调节手段，工资调控手段与其他经济调控手段缺少协作与配套，难以解决市场工资分配机制缺陷及失灵所产生的社会热点问题。比如，面对一些企业工资水平低、工资难以正常增长、工资差距持续扩大、工资分配秩序难以理顺等社会关注的热点问题，政府在调控中时常束手无策，即使采取了一些措施，也很难收到预期效果。

（二）政府工资调控"越位"问题

政府工资调控是否"越位"的主要判断依据是，政府部门在对企业工资分配进行调控、监督和指导过程中，是否存在超越国家和地方法律授权而直接采取行政干预的行为，或者在相关政策中做出某些不当规定，从而有悖于市场经济的基本规则，影响工资分配市场机制正常发挥其应有的调节作用，且不利于市场调节机制自身的改进完善。根据前期观察，部分地区政府部门在推进工资集体协商、促进企业工资增长和设置某些津贴项目方面出现了"越位"问题。

《劳动法》、《劳动合同法》、《工资集体协商暂行办法》和部分地区人大出台的相关法律规定，其中明确了政府行政部门可以行使

---

① 这里的法典是指同一门类的各种法规经过整理、编订而形成的系统的法律文件。

的关于集体合同或工资协议的合法审查、监督检查和行政处罚权。但是，国内很多地区党委和政府机构出于尽快推进工资集体协商、完善企业工资决定机制和提高居民收入水平的良好愿望，大都采取了党委政府主导、工会运作、多方配合的工作机制。一是由当地党委和政府联合下发文件，全面部署推进工资集体协商工作；二是成立专门的工作组有组织地开展工作；三是明确相关政府部门的工作责任，层层分解目标任务，以此作为政府相关部门工作考核评比的重要内容。这种由党委和政府强势推进的工作机制，确实对扩大工资集体协商的覆盖范围起到了快速推进作用，但其中也存在一些不应忽视的问题。在我国社会主义市场经济体制下，政府不是市场主体，只是通常所说的劳动关系第三方，其既不是工资集体协商这类市场行为的操作者，也不适合动用行政手段强制推行工资集体协商。因此，在工资集体协商中，政府的职能和作用都是有限度的，不应当也不可能包办一切。即使要发挥其积极影响及作用，也需要在适当位置运用适当手段加以干预，并且与工会、雇主组织和相关社会团体保持合理的分工协作关系。以主要市场经济国家为例，政府在工资集体协商中的基本职能一般界定在三个方面：一是工资集体协商规则的参与制定者，通过劳动关系立法及修订，规定劳资双方在工资集体协商中的权利义务关系、基本程序及行为准则等内容；二是工资集体协商规则执行的监督者，通过执法监督，确保企业、行业甚至国家层级的工资集体协商能够依法进行并取得让双方都能够接受的成果；三是工资集体协商争议的调解者，成立专门委员会，当劳资双方在协商过程和协议履行中出现难以自行解决的矛盾纠纷，特别是出现了影响公众生活和社会稳定的较大罢工事件时，从中调解斡旋甚至采取仲裁措施。限制政府部门直接干预市场主体双方自主开展工资集体协商事务是基于以下几个方面的考虑：一是有利于政府机构保持"中立"和"公正"的姿态；二是避免让自己直接卷入经济纠纷，使经济事件演化为政治事件，破坏市场规则，影响社会稳定；三是企业工资集体协商不是覆盖面越大越好，而应当是协商过程越规范、协商结果越有影响力越好。一些地方政府部门在推进工资集体协商时没有找准自己的职能定位，凭良好愿望安排指标任务且自己"冲锋陷阵"，不仅是一种"越位"行为，而且这种"催长"方式反而不利于构建工资集体协商的法治基础，建立正常稳定的工资集体协商机制，逐步提高工资集体协商的质量。

与政府强势推进工资集体协商的目的和行为方式类似，有部分地区根据改善民生需要，为加快提高本地区劳动者工资水平，完成政府规定的提高城镇居民可支配收入的目标任务，采取了一些有违市场经济规则的行政干预措施。其中一种做法是，由本地区政府向有关行政部门逐级下达企业工资增长目标，并将其纳入对各级政府部门政绩考核范围，以此动员各级行政部门采取各种有效促进企业工资增长的手段，完成上级下达的企业工资增长规定指标。给各级政府部门下指标，用行政化手段促进当地企业工资增长，是另一种形式的计划经济管理方式，不仅超越了市场经济条件下的政府工作职能，而且更重要的是，各级政府部门为完成规定任务，只能设法使用一些短期见效的行政手段，对企业工资分配进行干预，从而破坏了正常的市场规则，给经济正常运行和企业发展带来不利影响。比如，政府部门为完成上级布置的促进企业工资增长的目标任务，由于不是政府出资，又必须靠企业去替自己完成，所以就难免向企业施压，就难免用"一刀切"的方式要求企业增加工资，但各企业的自身特点、现实状况和承受能力是千差万别的，其合理程度和实施效果可想而知。即使工作细致点，让条件好的企业多增些、条件差的企业少增些，反而又可能因完成工资增长任务的紧迫性的影响，进一步拉大不同行业企业间业已产生的不合理的工资差距，从而与政府工资调控的其他目标产生冲突。

在市场经济条件下，各类企业应能够自主确定内部工资分配制度与分配形式，能够依据劳动力市场供求及工资价位情况确定各类员工的工资标准。为保障工薪就业者在提供正常劳动情况下的本人及其家庭赡养人口的基本生活，政府可以运用法制手段制定应由企业执行的最低工资标准，为市场工资均衡价格划上底线；为保障工薪就业者的劳动及生活保障的公正权益，政府还可以运用法制手段制定加班工资基准，以及病假、产假等特殊情况下的工资支付基准等。但除此以外，我国各级政府机构目前还规定一些要由企业执行的岗位津贴标准和福利性补贴标准（如煤矿井下津贴、纺织工人岗位津贴、高温补贴等），这也是一种政府对企业工资分配采取的有"越位"之嫌的行政干预。其实，在企业可以依据各种因素确定员工整体工资水平的情况下，再由政府进一步规定企业内部某类岗位的津贴标准不仅不合适，而且是多余的。比如对于煤矿企业的井下津贴，劳动力市场对井上井下工作岗位的工资水平调节机制可以合理区分其应有的工资差别，否则企业不可能吸引足够的工人下井劳作，以满足其对产量和利润的追求。对于企业内部某些岗位人员需要临时下井劳动，企业内部可以规定按工作时间支付临时性下井津贴用来补偿偶发性的额外劳动差别，否则其会难以维系正常的工作关系和工作秩序。但此类岗位津贴如果由政府规定，且不说企业情况千差万别，制定和调整的过程一般较长，管理和监督上的行政成本较高，统一确定的标准也难以适应各地区劳动力市场和企业环境条件的差别及其变化。另外，在市场经济条件下，由于企业工人在井下工作的这部分工资补偿必须服从于由市场机制调节的本岗位整体薪酬水平及企业内部工资关系的整体定位，企业不会因另外支付一定标准的特殊岗位津贴而改变这种定位关系。因此，除非由政府出资直接向劳动者另外支付岗位津贴（不可能也不合理），否则由企业出资按政府规定的标准支付井下津贴等特殊岗位津贴只是从企业工资支付的这个"口袋"转到另一个"口袋",只能是一种徒劳无功的行为方式,不会产生实际效果,很可能因为津贴标准过低或过高,反而扰乱市场工资正常调节功能,导致劳动者或企业某一方的不满。此外,目前国内有很多地区政府制定发布了要求包括企业在内的各个用人单位向员工支付的高温津贴标准,其中规定的支付条件、支付时间和标准金额各不相同,而且采用这一措施的地区有逐渐增多的趋势。实际上,高温补贴不属于工资,相当于一种由国家及政府以某种法律形式规定的由用人单位向员工直接支付的法定福利项目,这种项目一旦由政府做出规定就会长期延续下去。但是,由于各地区气候变化和不同工作场所环境条件的客观复杂性,其支付标准、支付对象和支付条件等均难以由政府统一做出合理界定并加以实际管控,很容易在认定环节上就开始产生争议或形成不同人群间的相互攀比。因此,政府同样没有必要设置这类福利性津贴项目,而应当由政府完善相应的劳动保护规定,让企业通过内部协商等方式自主安排各单位内部从事特殊环境下工作的工资补偿事宜。前面提到,企业内部各类岗位的工资水平是受市场关系限定并调节的,在政府规定了高温津贴的情况下,即使企业不得不按政府规定向某些员工支付高温补贴,但同时也会相应削减给这类员工增加工资的其他机会。

(三)职能体系缺陷的原因

一些政府部门在工资调控中出现"不到位"或"越位"问题,其原因是多方面的,有传统观念方面的惯性思维,有传统做法方面的束缚,有对工作目标急功近利式的追求,也有迫于上级行政命令和任务压力之下的无奈。

第一,现有法律法规中还没有系统地明确各级政府调控企业工资分配的基本职能和具体任务。在缺少法律依据、职能规范和行动方针的情况下,有的调控部门对做什么和怎么做并没有明确的规则,只是以能否完成上级部门或上级领导布置的任务为工作依据。

第二，在认识上，有的调控者认为"政府无所不能"和"政府最公正"，凡事都可以由政府亲自去做或牵头去做，不管遇到什么样的矛盾和问题，只要政府一出面，就容易得到及时、公正的解决。相反，有的调控者则认为"市场无所不能"，而且"市场最为公正"，企业工资分配只靠市场机制调节即可，政府没有进行干预的必要。

第三，受计划经济的影响，一些政府部门并不放心让市场调节机制对企业工资分配发挥应有的功能和作用，而是更习惯于按照政府的意图出面解决本不该由自己去解决的问题。尤其是在市场经济体制机制仍不健全的情况下，企业工资分配市场调节还难以发挥应有效能，工资决定、工资增长和工资关系等方面都会暂时出现一些问题，从而引起社会公众不满，政府部门因此面临压力，担心如果自己不用行政手段加以干预，就会有人指责政府不作为，也会导致问题进一步加剧。这是某些地方政府用心良苦却时常"越位"干预企业工资分配的主要原因。

第四，有的地方领导希望任期内能够在民生领域尽快出政绩、见实效，有意推动本地区工资水平能够增长得快一些，相关指标和标准在各地区比较时面子上也好看一些，因此更倾向于动员行政机构用简单实用的行政干预手段达成既定目标任务。

二　工资调控的法制体系

市场经济是法治经济。对于各类市场主体的权利义务关系和行为方式，市场边界和运行规则，甚至包括政府对市场经济的各种管控行为，都需要国家制定相关法律加以规范。对于市场主体和政府机构能够做什么、不能做什么，目前国内外都比较认同的观点是，市场主体是"法无禁止即可为"，政府机构则是"法无授权不可为"。

在市场经济条件下，政府调控企业工资分配的行为必须以相应的法律规定作依据，并且在法律规定的框架内实施，且不能超越法律规定的界限。因此，政府依法调控是构建政府调控企业工资分配体制机制的重要基石。

（一）工资调控法律依据的缺漏

我国至今没有工资专项立法，涉及工资分配及工资调控的法律只有《中华人民共和国劳动法》（以下简称《劳动法》）、《中华人民共和国劳动合同法》（以下简称《劳动合同法》）和《中华人民共和国企业国有资产法》（以下简称《企业国有资产法》）。这三部法律似乎与一些市场经济成熟国家以《劳资关系法》、《劳动基准法》、《国有企业法》为主体规范和调控企业工资分配的法律体系相类似，但在规范内容和规范程度上仍有较大差距。比如，我国《劳动法》、《劳动合同法》和《企业国有资产法》都没有将市场主体在工资分配方面的权利义务关系和工资决定机制特别是集体协商机制在法律层面加以明确、具体和严格规范，对国有企业特定工资决定机制和工资增长机制也没有在法律层面加以明确、具体和严格规范，对最低工资标准、加班工资基准及其他有必要由政府调控的工资基准也没有在法律层面进行全面系统规范。

我国《劳动法》中"工资"一章总共只有5条规定，直接涉及政府调控的只有两项内容：一是规定"国家对工资总量实行宏观调控"（其中必然涉及工资水平调控）；二是规定"国家实行最低工资保障制度"，并明确最低工资标准制定和备案方式，以及确定及调整最低工资标准的参考因素。在其他章节，涉及政府调控工资的内容也很少，一是规定了用人单位延长工作时间的特殊工资支付基准，二是规定了政府部门对用人单位工资支付违法行为的监督处罚权。《劳动合同法》与政府调控企业工资分配相关的内容更少。一是规定了"县级以上人民政府劳动行政部门会同工会和企业方面代表，建立健全协调劳动关系三方机制，共同研究解决有关劳动关系的重大问题"；二是规定了县级以上地方人民政府劳动行政部门依法对用人单位支付劳动合同约定的劳动报酬和执行最低工资标准的情况进行监督检查和相应的处罚标准。《企业国有资产法》中有关政府部门对国有企业工资分配管控的规定也很少。一是规定了"履行出资人职责的机构应当按照国家有关规定，确定其任命的国家出资企业管理者的薪酬标准"；二是规定了依照国务院和地方人民政府规定，由本级人民政府任免的企业管理者，由履行出资人职责的机构确定其薪酬标准。从以上三部法律内容可以看出，国内现有法律赋予了政府调控企业工资分配的权力，政府可以在制定和调整最低工资标准、调控国有企业工资总量和企业管理者薪酬标准、企业工资支付行为的执法监督方面发挥其应有的管控职能。

但相关法律对政府工资调控的规定过于原则，授权不明确、不充分，甚至对政府工资调控的各项职能不能做出明确和充分的规定，这很容易导致两种情况发生：一种是因为缺少法律的明确规定与授权，政府机构有时不清楚某些事情能不能做、怎样去做，束缚了政府机构根据客观需要依法调控的手脚，很可能对一些应该做或可以做的事情无动于衷，不能主动去做；另一种是政府机构出于良好愿望或在承受工作压力时，更愿意选择使用快捷、顺手的调控手段和调控方式，很容易忽略某些行为方式是否超越了权力边界，是否能够被市场主体和社会公众认可与接受，是否会给经济和社会的长远发展带来不利影响。总之，政府在调控企业工资分配过程中很可能因此出现"缺位"或"越位"问题。

（二）行政法规的散乱局面

因为相关法律规定过于原则，不够明确和充分，对政府调控企业工资分配的授权也就不够明确和充分，从而导致各级政府机构只能根据这些原则性规定，以及本地区本部门实际情况和工作需要，自己制定相应的行政法规及文件对各项调控制度、职责权限和方式方法做出进一步规定。目前由政府机构颁布实施的有关企业工资分配调控的法规，都是由中央政府所属部门和地方政府自己制定和发布的，还没有以国务院名义制定和发布的，如涉及企业工资调控的最低工资保障制度、工资指导线制度、劳动力市场工资指导价位和行业人工成本信息发布制度、国有企业工资总额和企业负责人薪酬管控制度、工资支付保障制度等相关规定都是政府部门的规章和政策文件。从长远看，这种现状难以适应在市场经济条件下政府对企业工资分配进行合理、规范调控的需要。

部门规章多，立法层次低，虽然可以增加政府机构建立相关制度和进行调控的灵活性，但不容易理顺各级政府和政府各部门在企业工资调控中的相互协作关系，保持不同地区和不同部门在调控步调与调控方法上的协调性。比如，制定和调整最低工资保障标准早就由《劳动法》向地方人民政府授权，但由于这部法律对最低工资保障制度只是做出了一些原则性规定，所以还要由政府机构通过制定相关法规，以进行实质性的制度安排。但是，国务院也没有为此制定专项法规，从而使当初作为《劳动法》配套法规之一的《最低工资规定》这部部门规章一直沿用到现在。虽然这中间经过一次修订，但还是难以满足工资调控工作的实际需要。长期以来，尽管各地政府能够将这部部门规章作为建立最低工资保障制度工作中的基本遵循，但由于缺少更高层次的国家法律或国务院法规的严格规定，加上部门规章内容方面还存在一些不够合理、严谨的地方，所以各地区在制定和调整最低工资标准的一些做法上出现了不同程度的差异。比如，各地区在最低工资标准中应当包含的工资项目上还不一致（有的地区的最低工资标准包括了就业者应由个人缴纳的社会保障金，有的则不包括），各地区在最低工资标准对于本地工薪就业者本人及其家庭赡养人口的生活费用应当达到的保障程度上也不一致（有的地区按照当地城镇居民10%最低收入户的生活费用支出测算制定，有的则按照当地城镇居民5%困难户的生活费用支出测算制定）。此外，各地区劳动关系三方在评估、制定和调整最低工资标准过程中的相互关系和工作方式等方面也不太一样。这些都与缺少国家层面的明确、统一、严格的法律规范有关，进而影响到政府最低工资保障制度的规范性和协调性。

目前中央部门和各地方有关政府调控企业工资分配的规章文件存在多、散、乱的现象，不仅导致政府依法调控的效率低、成本高、执行难，而且还增加了在全国范围内重新进行法律规范的难度。比如，在规范工资集体协商和工资支付保障方面，既有国务院主管部门制定的规章，也有各个地区自己制定的规章。各地区的法规规章有的由地方人大立法颁布，也有的是由地方人民政府制定颁布，还有的是由地方政府所属部门制定发布。从各地区规范工资集体协商的法规规章内容看，有的是在集体合同法规规章中规定的，有的是专项规定的，其中在法规文件的规范化程度、条款内容的繁简程度、规范化要求的力度、监督处罚的方式和力度等方面也有明显差异；从各地区工资支付保障规定内容看，同样在条款内容的繁简程度、规章的适用范围、工资概念和范围、工资支付基数（如加班工资计算基数）、工资支付方法（如包括带薪休假等假期的工资支付方法）、工资支付保障措施、工资支付监督管理和处罚方式等方面也有很多不同之处。可以设想一下，如果目前在国家层面有这几方面的适用于全国的更为系统、更具权威的法律法规，一方面对市场主体的权利义务关系和行为方式进行严格规范，另一方面对政府调控制度和行为方式进行严格规范，也就没有必要由相关政府部门和各地区再去制定那些多、散、乱的规章文件。相关部门和各地区规章文件多、散、乱，必然会产生一系列问题：一是必然导致各地政府及相关机构在制定和修订这些法规规章过程中耗费大量人力、物力，二是会相应降低各地政府调控企业工资分配政策上的整体协调性，三是难免增加国内那些跨地区生产经营的企业在工资分配与工资管理中的难度。

（三）法制体系不完备的原因

第一，对政府工资调控的体制机制一直缺少明确和统一的认识。在我国经济体制及工资体制改革进程中，尽管人们普遍认为政府有进行工资调控的必要，认同政府工资调控的基本职能，但凡是涉及政府工资调控中具体要做什么和怎么做等一系列问题时，就会出现不同的观点和争议。虽然这是正常现象，但立法则需要更加严谨，如果缺乏足够的共识，目前的实践经验也不能给出明确的答案，那么也就难以在制定法律过程中得到相应认可。

第二，侧重于陆续制定出台相关法规规章给改革探索留下一定的空间。我国市场化改革是在原计划经济基础上的渐进式改革，需要不断探索前进的目标方向，不断探索工资调控的合理方式和适用方法，同时还要考虑市场化与非市场化因素并存的局面，考虑不同类型企业不同的工资调控需要。因此，首先用层次较低的行政法规规章进行工资调控的改革探索在当初是不可避免的选择。

第三，对于法律法规的修订还是比较迟缓。在改革进程中，我国立法任务极为繁重，很多法律法规不能得到及时的补充和修订已经成为常态，导致其难以跟上改革实践的步伐。涉及工资分配和工资调控方面的法规，在补充或重新修订方面确实比较滞后。比如，《最低工资规定》在20年间只修订了一次，工资支付等一些行政法规在10多年间一次也没有修订过。有些问题人们发现了，看准了，也能够形成共识，但至今尚未纳入法律法规修订当中，也不能通过重新制定以提高相关法规的层次和集中程度，难免产生多、散、乱局面。

三 工资调控的制度与手段体系

制度体系和手段体系都是政府调控企业工资分配的工具体系，都是政府调控企业工资分配体制方面的重要内容。政府要正常履行各项工资调控职能不仅要做出相应的制度安排，而且还要合理使用必要的调控手段。

在工资调控领域，政府为履行法律规范、基准调整、政策指导、信息引导、国企监管等基本调控职能，现已建立了最低工资保障、工资支付保障、国有企业工资监管、工资增长指导、劳动力市场工资价位和行业人工成本信息引导、企业薪酬调查等相关制度。从政府应当履行工资调控基本职能的角度进行衡量，可以发现我国工资调控各个方面都已经进行了相应的制度安排。

（一）工资调控的非常规制度较多

与市场经济发展程度较高的国家相比较，我国政府工资调控制度上所做出的各项安排只比它们多，不比它们少。① 表面上看，是我国工资调控制度更加完备，实际上这是工资的市场调节机制和政府工资调控体制尚未健全的一种客观表现。我国在现行基本调控制度之外，从中央到地方还经常采取一些非常规的调控措施。比如，虽然我国现在已经建立了常规性的工资支付保障制度，但由于很多原因，农民工的工资拖欠问题还是每年需要政府单独建立法规和制度，甚至在某些时段还需要采取应急措施加以解决；虽然有了工资集体协商方面的法律法规，但由于很多原因，有些地区的党政部门还要亲自出面将它推动起来；虽然有了工资指导线，但由于很多原因，

---

① 如大多数市场经济国家的政府机构没有定期发布工资指导线、劳动力市场工资价位和行业人工成本信息的制度安排，个别国家甚至没有建立最低工资保障制度。

有的政府部门还要求企业将工资指导线落实方案上报政府部门备案并督促企业执行，甚至还要投入更多的人力、物力亲自介入并不熟悉的行业领域制定颁布行业工资指导线。

（二）经济杠杆和综合式调节手段缺乏

政府工资调控不仅要有制度建设，还要在调控中使用合理的调控手段。政府工资调控一般有法律规范、经济调节和行政命令三种手段。在市场经济中，工资调控应多用法律、经济和综合性手段，避免使用单纯的行政手段；应多用间接调控手段，少用直接调控手段；应多用着重调控工资水平和工资差距的手段，少用只调控工资总量的手段。目前我国政府使用行政调控手段一般都是配合法律和经济手段综合应用的，计划经济时期那样单纯使用行政命令手段的现象虽然还时有发生（前面内容曾经指出），但已经被视为一种政府"越位"行为，受到越来越多的限制。以现行的最低工资保障制度、工资指导线制度、劳动力市场工资指导价位和行业人工成本信息发布制度、国有企业工资管控制度为例，都可以找到直接或间接的法律法规方面和政策方面的依据，并据此进行制度安排。因此，可以认为当前政府已经做到了主要以法律、经济手段调控企业工资。

但是，政府能够间接对市场工资分配机制运行和市场工资率形成过程实施有效经济调节的手段至今仍寥寥无几。前一时期，中央及各地政府都将积极促进低工资行业、小微企业和低工资群体工资收入正常增长作为重要调控目标，但又普遍感觉到缺少有效的调节手段，特别是缺少行政干预之外的能够较好发挥间接调控作用的经济手段。比如，那些低工资行业企业，特别是一些小微企业，其生产率水平较低，融资成本较高，税费负担和租金成本较为沉重，许多客观经济因素都不同程度地制约了企业工资的支付能力和工资的正常增长，即使依靠推行工资集体协商也难以解决工资成本承受能力上的问题。因此，这就需要政府采取有针对性的甚至系统性的经济调控措施，通过改善其生存发展环境，帮助提升其生产率水平，从而达到增强其工资支付能力、促进工资正常增长和缓解工资差距扩大的调控目标。我们可以从中发现，这类经济调控手段应当是多因素复合型的调控手段，这类问题不是单独降息、减税或增加补贴的单一性或非持续性手段所能解决的，也不是政府某一个部门所能单独承担的，需要将工资调控政策纳入整体宏观调控政策之中，需要政府多部门系统设计和协作配合才能操作实施并达到既定调控目标。

（三）"制度多、手段少"的原因

第一，工资的市场调节机制和企业工资分配微观机制不够健全。理论和实践可以证明，一旦工资市场调节机制经常失灵，或市场主体的工资决定机制不合理，从而导致劳动者的工资权益难以得到保障，工资正常增长难以实现，工资差距持续向不合理的程度扩大，社会公众就会对政府工资调控寄予更多期望并给其施加更多的压力。按照国内公众常说的一句话，就是"政府该管管了"。比如，国内农民工的工资权益用现有常规性制度得不到应有的保障，便催生了对于这一群体的专门的工资调控制度；经济领域国有企业（不适合直接由市场机制调节的企业）较多，在许多企业占据行业优势地位甚至垄断地位的情况下，也使得政府必须在一般性调控制度之外另外安排其他专项调控制度。

第二，市场工资调节并不受尊重公平的世界观的支配，而且对一些群体的工资水平及整体工资关系的调节周期较长，还会受到其他经济社会因素的制约。但问题长期摆在那里得不到解决，只会引发公众不满甚至影响社会稳定，因此这会迫使政府机构出面干预，尽早采用非常规调节手段加以干预。

第三，我国市场经济体系还不完善，而企业类型和经营方式却很复杂，工资调控难度相应增大。如果某一部法律法规不能对各类情况做出足够细致周到的规范，不能将调控方式纳入同一制度当中，各地政府也只好各起"炉灶"，进行不同的制度安排。

第四，负责工资调控的政府部门自身并不掌握市场经济条件下可供本部门使用的一些必要的经济杠杆，也不可能只为工资调控目标轻易调用其他部门掌握的经济杠杆，只有在各部门形成统一意见并由上级国家机关同意或者在上级国家机关直接进行工作部署的情况下，才有可能使用这些经济调节杠杆，给市场环境、经济运行加入相应的参数，争取达到理想的调控效果。

四　工资调控的组织体系

政府工资调控组织体系是一种网状组织结构，可以划分出纵向分工协作关系和横向分工协作关系。无论是政府工资调控政策的制定，还是工资调控政策措施的落实，都需要依靠这个组织体系内部的协调配合。只有各地区、各部门的密切协作与相互配合，才能使政府工资调控发挥应有作用，产生较好的调控效果。

根据我国前期政府机构改革所确定的部门职能分工，人力资源和社会保障部的相关职能是，"会同有关部门拟订机关、事业单位人员工资收入分配政策，建立机关企事业单位人员工资正常增长和支付保障机制"。在其内设劳动关系司的职责中则明确规定：拟订企业职工工资收入分配的宏观调控政策，指导和监督国有企业工资总额管理和企业负责人工资收入分配。从上面表述和实际情况看，目前企业工资分配调控工作主要是由各级人力资源和社会保障部门承担，但最终的决策权在国务院，其中有很多调控措施还涉及财政部和国资委等其他政府部门。财政部在其第一项职责中就明确规定：参与制定各项宏观经济政策，提出运用财税政策实施宏观调控和综合平衡社会财力的建议，拟订中央与地方、国家与企业的分配政策。国资委的主要职能中则包括：负责所监管企业工资分配管理工作，制定所监管企业负责人收入分配政策并组织实施。根据上述规定，在这三个部门之间，如果是针对社会各类企业一般性的调控政策，则由各级人力资源和社会保障部门负责；如果是针对国有企业的特殊调控政策，就需要在至少这三个部门之间进行协调；如果要运用财税、金融等经济手段对企业工资分配加以调节，则必然涉及财政税务部门和金融管理部门的工作范围。

（一）工资调控纵向工作关系的协调性问题

各级人力资源和社会保障部门分别隶属各级人民政府，是各级地方政府的职能管理部门。但是，各级人力资源和社会保障部门要承担政府分级调控企业工资分配的职责，需要在业务工作中执行上级政府及其人力资源和社会保障部门制定的相关法规、制度和政策规定，并接受其业务工作上的指导和帮助。在制定调整最低工资标准、颁布工资指导线、发布劳动力市场工资指导价位和行业人工成本信息等调控、指导工作中，国家层面侧重于制定法规、政策，做出各项制度安排；省、自治区和直辖市层面则承担着比较繁重的调控、指导企业工资分配的具体工作任务。在现有人力资源和社会保障部门分级设置和分级调控基础上，相互之间的工作关系或协作机制总体上比较协调，但也会出现一些问题。其中一个问题是，现有体制还不能确保中央政府及时制止地方政府在调控企业工资分配中不适当的行政干预和相互攀比行为。有的地方政府为尽快促进地方经济社会发展，往往提出一定时期的居民收入增长目标。要实现这一目标，地方政府一般会将重点放在增加劳动者工资收入方面，在机关事业单位工资由国家统一管制的情况下，增加工资性收入需要更多依靠提高企业员工的工资水平。在现有手段和方法有限的情况下，为千方百计提高企业工资水平，有的地区就开始采用行政组织层层分解指标的方式，通过行政考核和行政手段推动企业工资增长；有的地区则通过设置某项特殊津贴，要求企业遵照执行；有的地区力求在短期内加快调升最低工资标准，甚至不切实际地相互攀比。另一个问题是，现有体制使各地政府无法调控本地区中央国有企业的工资分配，也不可能通过调控措施，使中央管理的国有企业与地方各类企业的工资水平、工资增长和工资差别实现相互协调。现在地方政府对本地区中央管理的国有企业真正能够发挥出调控作用的只有执行本地区最低工资标准一个方面。

（二）工资调控横向工作关系的协调性问题

我国目前仍有 20 多万家国有企业，除国有参股企业外，国有独资和控股企业的工资分配必须由政府直接监管调控。对于数量不多但规模庞大的中央国有企业，其工资分配现在主要由人力资源和社会保障部、财政部和国资委等多个政府部门分别实施监管；对于分布于各地区的大量地方国有企业，其工资分配有的是多部门分别管理，有的是基本纳入地方国资委系统集中监管。目前国有企业及其工资分配处于分割监管状态，这必然给人力资源和社会保障部门依法依规调控包括国有企业在内的所有各类企业的工资收入分配带来一些体制性障碍。首先是调控机构掌握信息难。政府部门各自监管下的国有企业的工资分配信息由各自掌握且互不畅通，各部门都难以掌握国有企业工资分配的整体情况，难以在此基础上制定统一的、合理的调控政策。比如，有的地方人力资源和社会保障部门反映已经很长时间不清楚当地国有企业的工资分配状况，有时只能临时了解一下，不可能及时掌握当地国有企业工资分配的全面和真实情况。其次是相关部门形成共识难。各部门对国有企业工资分配监管的思路和方法往往不同，在工资总额和工资水平方面，有的想继续实行工效挂钩，有的想搞绩效工资核定，有的想搞薪酬预算审批和备案，有的想放开管理；在不同行业工资管控方面，到底应该对哪些行业企业加大调控力度，各部门想法也不一致；在企业负责人薪酬管控方面，不同部门对管控机制和管控力度都有不同主张，意见也难以统一，如果这些部门的上级机构不能及时采取顶层设计和协调方式，则会延误调控政策的出台时机。最后是各机构协作调控难。多年来不同部门对国有企业工资分配管控方式各自形成一套办法，因此有些调控政策要覆盖整体并全面实施，不但考验着政策本身的普遍适用程度，更考验着各部门的协作配合意识与能力，因此加大了形成调控合力的难度。比如，在国有企业工资总额和工资水平调控方面，人力资源和社会保障部门曾制定对工资水平过高、增长过快的国有企业加强工资调控的一些政策，但这些政策即使能够调控实行工效挂钩的国有企业，也难以调控采用其他方式管控的国有企业，所以调控的整体效果仍然难以显现出来。长期以来，我国行业企业工资差距逐步扩大的状况一直难以扭转，与政府对国有企业工资分配的监管调控不力有很大关系。

不同部门在定向调控和相机调控中缺少协作配合。由于影响企业工资分配的经济和社会因素众多，各类经济要素和宏观调控工具分别由不同政府部门掌控，人力资源和社会保障部门不可能直接使用其他部门管理的宏观调控工具实施经济手段调控，但通过调控市场达到引导企业工资合理分配，必须得到其他部门和社会组织的配合，否则，难以达到相应的调控效果。比如，前一时期，一些专家提出对工资水平低、增长慢的小微企业可实行企业增加职工工资与税收减免或返还相配合的调控措施，但该提议难以得到一些政府部门的响应与配合。近期，虽然国家已经对小微企业采取了一些税费减免、减少办事手续等提效率、降成本的措施，客观上可以缓解一部分企业的人工成本压力，但这项政策本身并没有与企业给职工增加工资的政策形成配套关系，因此也不易产生人们期待中的合理促进员工工资增长的效果。

（三）组织体系局部紊乱的原因

第一，现有法律法规对中央和各地区在工资调控中能够做什么并按照什么程序做没有明确细致的规定。现有规定不明确，也没有设置相应的政策措施纠偏机制，一些地区在工资调控中过于冲动的行为就难以得到事先制止或及时纠正。比如，部分地区设置高温津贴等特殊工资福利项目，虽然这是地区性行为，但也涉及整体工资调控的基本规则，对其他地区工资调控工作也有较大影响，有必要事先经过国家负责工资调控的部门同意或批复。此外，目前各项工资调控制度规范大都是部颁规定，甚至只停留在部门意见层次，没有通过国务院颁布法规，也不足增强工资调控制度规定的权威性，并据此更好地协调工作关系。

第二，国有企业分割监管体制是政府对国有企业工资调控关系不协调的主要原因。由于国有独资及控股企业还必须由政府直接监管，所以对国有企业的监管行为实际上也是对其实施专项调控的行为。与政府对其他类型企业的宏观调控不同，在对国有企业调控的领域，监管就是调控，两者相互交错，难以区分。因此，现行对国有企业分割式的监管体制必然会削弱对国有企业的整体调控，其中就包括对国有企业的工资调控。在此局面下，如果在国家层面能够对国有企业进行统一监管调控（类似于形成目前对国有企业负责人薪酬制度进行的顶层设计方案），也能够在一定程度上弥补监管调控中的缺陷，但是这样的顶层设计目前还不多。

第三，宏观经济调控与工资调控缺少衔接是相关部门工资调控中缺少协作配套的重要因素。工资调控是国家宏观经济调控中的一个组成部分，既要符合国家宏观经济调控的方向和目标，也应当是国家宏观经济调控中的一个重要手段。然而，目前政府机构和社会各界并没有对国家宏观经济调控与工资调控的相互关系给予足够的重视，对两者之间如何相互配合也没有给予足够的重视。实际上，工资率不仅是劳动力市场的重要信号，而且也是影响社会总需求和消费需求当中的一个重要变量，还是影响社会总供给和企业生产成本当中的一个重要变量。工资理所应当成为国家宏观经济调控中的一个重要领域和重要工具，并在其中发挥应有的作用。但在多数情况下，国家在制定宏观经济调控政策过程中，很少考虑与工资调控的协作配套关系；同样，政府部门在制定工资调控政策时，也很难与国家宏观经济调控政策协作配套。

五　改进完善工资调控体制的建议

（一）明确政府调控企业工资分配的职责和任务

在市场经济条件下，政府不是市场主体，不能担当市场工资决定机制的操控者，也不应成为市场主体任何一方的代表，更不能受到市场主体任何一方利益的牵制。政府应当站在市场规范和市场监管的第三方立场上，根据促进国民经济和社会关系协调稳定发展的需要，对企业工资分配加以宏观调控与指导。

1. 明确四项基本职责

既要让市场机制对企业工资分配发挥决定作用，又要更好地发挥政府的宏观调控作用，这就需要政府部门依据党的十八届三中、四中全会提出的政府主要职能和作用以及依法治国要求，在企业工资分配领域进一步确定和理顺政府调控的各项基本职责。

工资立法和执法监督是政府工资调控的第一方面职责。依据党的十八届三中全会通过的《中共中央关于全面深化改革若干重大问题的决定》（以下简称《决定》）提出的政府需要承担的保障公平竞争、加强市场监管、维护市场秩序的重要职能，在企业工资分配领域，政府应当担负立法规范和执法监督的基本职责。政府担负和履行这种职责，可以通过参与立法、提出立法方案、制定相关法规，使市场工资决定机制、市场主体的权利义务关系和行为方式在法律法规中加以认可、规范与保护，以确保市场工资决定机制能够正常发挥其基础调节作用，相应减轻政府的宏观调控负担。工资立法是执法监督和依法调控的基础。建立完善工资法律体系，可以给予政府机构明确和充分的授权，使其在调控中做到有法可依，并且排除政府部门随意干预市场工资决定的行为方式。

确定和调整必要的市场工资基准是政府工资调控的第二方面职责。依据党的十八届三中全会通过的《决定》提出的政府需要承担的促进共同富裕、弥补市场失灵的职能，为防止市场机制作用下将劳动者（尽管其向用人单位提供了正常劳动或额外劳动）工资压低到过度偏离劳动力真实价值的程度，避免出现劳动者在付出正常劳动后所能获得的工资报酬无法维持劳动者个人及家庭赡养人口基本生活的状况，避免出现劳动者付出超出法定工作时间的额外劳动得不到合理补偿的状况，政府应当设置最低工资和加班工资等必要的法定工资基准，并根据保障需要加以适时调整。政府担负和履行这种职责，可以保护劳动者获得合理劳动报酬的基本权益，防止社会收入差距过度拉大。通过调节最低工资标准，可以施放较为积极的工资调节信号，促进低端劳动者工资水平和社会整体工资水平适度提升。

政策指导、信息引导和杠杆调节是政府调控企业工资分配的第三方面职责。依据党的十八届三中全会通过的《决定》提出的政府需要承担的保持宏观经济稳定、加强和优化公共服务、推动可持续发展的职能，政府应当利用推进经济社会发展的有利地位，总揽全局所能获得的相对充分的信息资源，以及可以使用的经济杠杆，对市场主体的工资决策行为施加影响，通过引导和帮助，使市场主体行为趋向于调控目标。政府担负和履行这种宏观调控和公共服务职责，有利于促进市场主体做出合理的工资决策，并通过调节企业工资增量影响整个社会的工资总量和消费需求，促进企业工资增长机制正常发挥作用，促进经济社会协调发展。

监控国有企业工资分配是政府调控企业工资分配的第四方面职责。对于那些具有特殊经营职能，或者处于市场垄断地位、拥有经济资源和政策资源优势的国有独资、国有控股企业，只要是其决策体制不完备，不完全适用于市场机制调节，或者在市场机制作用下会产生不良的经济社会效果，政府就应当担负起监管调控其工资分配的职责。政府担负这种调控职责，既可以协调国有企业与社会其他企业的工资分配关系，又可以协调各类国有企业相互之间的工资分配关系。

2. 确定职责范围内的重点工作任务

进一步理顺政府工资宏观调控职责，不仅要让政府机构明确并担负以上四个方面的职责，更重要的是要让政府机构在此基础上进一步明确正常履行这些职责的各项工作任务，切实做到"到位、称职、不越位"。根据党的十八届三中全会通过的《决定》对处理好市场与政府的相互关系提出的要着力解决市场体系不完善、政府干预过多和监管不到位问题，在确定政府调控企业工资分配职责的主要工作任务时要对目前缺位工作进行补充，对目前越位工作进行调整或清理，对目前还难以确定的工作任务继续进行探索（见表6-1）。

表 6-1　政府调控企业工资分配的重点工作任务

基本职责	工作任务	工作机构	决策机构
立法规范和执法监督	配合制定、修改涉及工资分配的综合性和专项法律	国家人力资源和社会保障部门提出草案或建议	全国人大
	制定、修改涉及工资分配的综合性和专项法规	国家人力资源和社会保障部门提出草案或建议	国务院

续表

基本职责	工作任务	工作机构	决策机构
立法规范和执法监督	制定、修改全国性实施工资分配法律法规的规章	国家人力资源和社会保障部门	国务院
	制定、修改地区性实施工资分配法律法规的规章	地区人力资源和社会保障部门	地区政府
	监督法律法规执行情况	国家与地区人力资源和社会保障部门	
	调解和仲裁市场主体工资分配的争议和纠纷	国家与地区人力资源和社会保障部门及仲裁机构	
制定调整工资基准	依法建立健全最低工资保障制度	国家人力资源和社会保障部门提出方案及建议	国务院
	适时调整最低工资标准	地区人力资源和社会保障部门提出方案及建议	地区政府
	依法调整加班工资及特殊情况下工资支付的基数和比例	国家人力资源和社会保障部门提出方案及建议	全国人大
政策指导、信息引导和杠杆调节	制定国家中长期工资增长规划目标和年度工资调控预期目标	国家人力资源和社会保障部门提出方案及建议	国务院
	制定调整地区年度工资调控预期目标	地区人力资源和社会保障部门提出方案及建议	地区政府
	统计发布年度行业企业工资、职工薪酬、人工成本水平及劳动生产率等指标数据	国家与地区人力资源和社会保障部门协作调查统计	国家人力资源和社会保障部门发布全国数据；地区人力资源和社会保障部门发布地区数据
	运用财税、金融等经济杠杆协助工资调控	国家与地区人力资源和社会保障部门商政府相关部门提出方案及建议	国务院；地区政府
监控国有企业工资分配	建立健全中央国有企业负责人薪酬制度	国家人力资源和社会保障部门提出制度方案和实施方案	党中央；国务院
	建立健全地区国有企业负责人薪酬制度	地区人力资源和社会保障部门提出制度方案和实施方案	地区党委；地区政府

基本职责	工作任务	工作机构	决策机构
监控国有企业工资分配	建立健全中央国有企业工资水平和工资总额调控制度	国家人力资源和社会保障部门提出制度方案和实施方案	国务院
	建立健全地区国有企业工资水平和工资总额调控制度	地区人力资源和社会保障部门提出制度方案和实施方案	地区政府

目前政府机构最需要做的就是，在完善法律法规并给予市场工资决定机制和政府调控行为严格规范的基础上，给予市场工资决定机制足够空间以使其真正发挥决定性作用。这样可以相应减轻各级政府调控企业工资分配的压力和工作量，有利于政府集中力量做好自身职责范围内的事情。

各级政府部门有必要进一步清理现有工资调控的职责任务，不要再做那些政府部门不应当做也做不好的事情。政府应依法约束自己的行为，放弃那些不必要的行政干预，扩大市场调节空间和社会自治范围，让相关行业组织或社会组织更好地发挥专业服务优势，满足市场主体更加明确、直接和迫切的相关服务需要。

（二）完善政府调控企业工资分配的法律体系

在市场经济条件下，法制体系的健全程度决定着市场经济体系的成熟程度，决定着市场运行和市场调节的规范化程度。要让市场工资决定机制正常发挥作用，更好发挥其正面效应，尽量削弱其负面效应，就必须依靠健全的法律体系创建良好的法治环境，使企业工资分配和政府工资调控都能够规范起来。目前我国有关工资分配的法律法规体系仍然薄弱，法律法规结构比较散乱，一些法律规范尚不严谨，难以满足合理规范市场工资决定、企业工资分配和政府宏观调控的实际需要，因此应当根据依法治国要求，加快改进完善。

1. 制定颁布工资集体协商法律法规

工资集体协商机制的正常启动，是发挥市场工资分配决定性作用和更好发挥政府调控作用的一个重要基础条件，因此应当加强立法，从法律层面进行整体规范。

首先，可以考虑优先制定并争取由全国人大颁布"集体合同法"。如果在将来一段时间内仍不能做出这样的安排，可以先考虑由国务院制定颁布"工资集体协商条例"，尽快形成关于市场主体工资集体协商机制的更加系统和更具权威的法律规范。

其次，在法律法规中应当加入正常启动工资集体协商的强制性规定，不能只在行政层面进行一般性号召和引导，更不应靠行政命令行事。根据现实基础和存在的问题，在法律法规中加入强制性规定的最佳方案是：只要工资集体协商双方中的任何一方以合法代表身份按照规定程序正式提出工资集体协商要求，另一方必须在限定时间内给予对方要求以书面回复，并由双方在限定时间内约定正式进行工资集体协商的时间、地点和具体内容。为确保实现工资集体协商依法正常启动，可以借鉴部分国家的经验做法，即规定拒绝协商约请的一方有义务执行另一方提出的调整工资等劳动条件（包括调增或调减）的要求及具体方案。如果不采用上述做法，也可以结合我国现实情况采取第二方案，即规定拒绝协商的企业一方有义务做出与本地区政府颁布的本年度工资指导线相同的年度工资增长安排；拒绝协商的工会或劳动者一方有义务接受企业一方提出的调整工资方案。当然，在法律法规中也可以对拒绝协商和不执行规定的一方直接规定相应的处罚手段及处罚标准，但这种做法不如上述两种做法更容易被市场主体所接受，更有可能产生较好的促动作用和实际效果，而且执法成本会更低一些。

最后，可考虑修订《中华人民共和国劳动争议调解仲裁法》，加入对工资集体协商争议做出特别仲裁的规定。可以借鉴其他国家的经验做法，规定在劳资双方难以达成协议且按规定程序调解无效时，可由任何一方提出特别仲裁申请，由专门设立的特别仲裁委员会依法做出最终仲裁。特别仲裁委员会可由劳动关系三方人员和一定比例的符合条件的专家（可在相应的人才库中随机抽选）组成，并由共同推举的专家牵头研究制定仲裁方案，按程序对仲裁方案实施表决通过。增加这方面的法律规定和相应程序，有利于从市场经济发展和劳动关系建设的长远考虑，避免出现僵持不休且漫长无果的集体协商过程，甚至由此产生的激烈冲突，让劳资双方最终付出高昂代价，给经济社会发展带来严重负面影响。

2. 制定颁布"最低工资条例"

最低工资保障在现有《劳动法》等法律中都有原则性规定，其具体制度安排和现有体制机制方面问题的解决，都迫切需要由较高层次的行政法规加以规定，制定由国务院颁布的"最低工资条例"是一个较好选择。如果近期制定这个条例还排不上队，那么也要尽早补充修订现有《最低工资规定》。

根据最低工资调整机制各方面现存的问题及其形成原因，应当在有关行政法规中首先明确最低工资保障的核心目的在于保障提供正常劳动的就业者及其家庭赡养人员的一定限度的基本生活，而这个生活限度应当明确为保障就业者及其家庭赡养人员能够达到本地区城镇居民最低收入户的基本生活消费支出水平。在此基础上，还应当在其中对最低工资标准制定和调整机制进行全面系统修正，如明确就业者合理的赡养系数、测算方法和相关调节因素，制定和调整最低工资标准的各项工作程序和相关要求等。

3. 制定颁布"工资支付条例"

依据《劳动法》等相关法律规定，在现有《工资支付暂行规定》基础上制定更为系统、更具权威的"工资支付条例"，由国务院颁布实施。这部法规应当适用于全国各地区，应当对于各类用人单位的工资支付行为进行全面、系统和统一规范，废止各地区现行规定。在制定这部条例中，应考虑到现有规定不充分以及《关于工资总额的组成》等相关政策文件不协调等问题，重点明确工资定义、概念、范围，工资与薪酬福利的关系，加班工资基数的确定，一般情况和特殊情况下的工资支付，特殊用工群体（如农民工、季节工、临时用工或小时工等）的工资支付等内容，为企业和劳动者双方签订劳动合同、明确责任和义务提供基础与依据。

（三）加强政府部门、社会组织的协作配合

在市场经济条件下，企业工资分配受众多经济社会因素影响，受各种群体利益的制约，政府只依靠自身力量，既难以履行好调控指导企业工资分配的各项职责，也难以顺利实现企业工资分配调控的各项目标。因此，政府在调控指导企业工资分配过程中不应当"孤军奋战"，而是应当加强政府部门之间和与相关社会组织之间的协作关系，发挥各自优势，形成优势互补，对企业工资分配给予全方位、多层次的调控与引导。同时，在合理区分国有企业监管和国有资本运营的基础上，尽快改变各政府部门对国有企业及其工资分配的分割监管体制。

承担企业工资调控指导主要责任的政府部门应加强对宏观经济社会发展形势的研判，特别是研究分析国家战略决策、重点改革举措和宏观经济调控政策对企业工资分配以及调控工作的各种影响，从而确定与之相适应的企业工资分配调控指导目标及政策措施，形成"彼此呼应、相互配合"的格局。比如，国家在实行积极财政政策和稳健货币政策的背景下，应当调节企业工资与企业效益特别是劳动生产率的适度协调增长，对工资难以正常增长的企业特别是小微企业，可协调财税、金融等部门推行减免税费负担、拓展融资服务、提供技术支持等综合措施加以调节。

在企业工资分配调控指导方面，各级政府可以促进劳动关系三方协调机制发挥更大作用。一是可以由三方指定人员组成工作组共

同研究提出各地区最低工资调整方案，或者由三方认定的专业机构研究提出各地区最低工资调整方案；二是支持行业工会和行业协会依法开展行业层面的集体协商，对工资增长和劳动定额等内容做出共同约定，并向双方提供需要的政策和信息等方面的指导；三是可以与本地区劳资双方的成员共同出面及时调解企业工资集体协商过程中出现的重大争议事件。

第七章　政府的工资调控机制

政府调控企业工资分配的机制是指政府部门在调控企业工资分配过程中为实现调控目标所做的制度安排，或者是采取相关措施当中的调控目标和调控手段之间的作用机理。

合理有效的企业工资调控机制应当具有这样几个特征。首先，调控目标与调控手段及方法协调一致。各项调控政策一方面要根据调控目标加以制定，另一方面要为实现调控目标安排合理有效的调控手段及方法。目前我国政府调控企业工资分配有四个主要目标：一是提供最低工资保障，使低薪劳动者本人及家庭供养成员能够维持一种低水平的正常生活；二是引导企业工资增长与经济社会发展相协调；三是保持合理的工资关系，调节不合理的行业企业工资差距；四是监管国有企业工资分配，使其工资水平及增长与其他类型企业相协调，与企业自身发展及经济社会整体发展相协调。当市场工资调节机制所产生的结果不符合上述目标时，就需要政府部门调控政策的干预，从而使企业工资分配逐步接近调控目标。其次，在政府制定和实施调控政策时，应最大限度地使用经济杠杆调节方式，最低限度地使用行政命令调节方式。政府最大限度地使用经济杠杆调控企业工资分配，就是充分发挥市场对工资的决定性作用，并且使调控符合市场经济运行规则，利用经济规律的内在机理，通过调动相关经济要素或对市场主体的利益导向方式，开辟有利于实现调控目标的运行轨道。与行政命令的强制干预方式相比，这种调控方式可以与市场调控机制产生互动关系，更有利于发挥市场机制的决定性作用，更容易被市场主体接受并遵循，且不易损害市场经济的基本运行规则，从而尽可能降低政府调控的成本及代价。再次，调控机制的运行成本及负面效应相对较小。任何调控政策都要付出一定的调控成本，都会产生一定的正面影响和负面影响。一项合理得当的调控政策，不仅要有积极的经济社会意义，还要保证政策效益大于成本付出，正面影响大于负面影响。最后，调控方法简便易行。这样既有利于调控政策的实施，也有利于提高调控效率，降低调控成本。依据这种观念对目前政府工资调控各项制度进行分析，就会相应找到存在的问题和缺陷，以便在全面深化改革进程中加以改进完善。

一　最低工资调节机制

为适应建立市场经济体制需要，我国在 1995 年开始建立最低工资保障制度，并于 2003 年出台新的部颁《最低工资规定》，在原有制度规定基础上进行了补充完善。现制度运行 10 多年来，也相继暴露出调控机制方面亟待改进的一些问题。

（一）最低工资标准的保障目标尚不明确

最低工资保障的目的很明确。2003 年《最低工资规定》中第一条就规定了国家实行最低工资保障制度、制定和调整最低工资标准的目的，即维护劳动者取得劳动报酬的合法权益，保障劳动者个人及其家庭成员的基本生活。但是，对于我国最低工资标准应将劳动者个人及其家庭成员的基本生活保障到一个什么样的程度，从而明确相应的调控目标，现有制度规定还比较模糊。比如，目前即使在概念上也没有明确我国最低工资标准应当是保生存，还是保温饱或体面劳动。《最低工资规定》在附件中所列举的最低工资测算方法指出，确定最低工资标准一般考虑城镇居民生活费用支出，如果使用比重法测算，可根据城镇居民家计调查资料，确定一定比例的最低人均收入户为贫困户，统计出贫困户的人均生活费用支出水平，乘以每一就业者的赡养系数，再加上一个调整数。按照我国对城镇居民家庭收入分组方法，将所有调查户按户人均可支配收入由低到高排列，按 10%、10%、20%、20%、20%、10%、10% 的比例依次分成最低收入户、低收入户、中等偏下收入户、中等收入户、中等偏上收入户、高收入户、最高收入户七组。在全部调查户中，人均可支配收入水平处于最低 5% 的户为困难户。这样看来，上面所说的贫困户就应当是指 5% 的困难户。但是，《最低工资规定》附件在使用某地区最低收入组人均每月生活费支出进行举例测算说明时，又以某地区最低收入组人均每月生活费支出作为最低工资测算和制定的基本依据。那么，最低工资标准的保障程度到底应当是城镇 5% 贫困户的生活费用标准，还是城镇 10% 最低收入户的生活费用标准？《最低工资规定》及其附件中的说明不明确且存在矛盾之处，似乎是两者均可，需要各地区自己选择。由于这个原因，各地区最低工资标准调控的目标定位至今不太一致。目前，多数地区以城镇 10% 最低收入户生活费用作为制定最低工资标准的基本依据，但也有部分地区一直以城镇 5% 贫困户生活费用作为基本依据。

（二）最低工资标准的保障程度普遍偏低

现多数地区最低工资标准尚未达到城镇居民最低收入户 1.5 人生活费用支出水准。如果按照目前多数地区将最低工资标准保障程度定位于满足城镇 10% 最低收入户劳动者本人及赡养人口的生活费用的支出标准，与本地区同期最低工资的最高档标准进行对比分析，可以发现，很多省、自治区最低工资最高档标准与达到中心城市最低收入户生活费用支出水平还有或多或少的差距（见表7-1）。

表7-1　2012年部分城市最低工资标准保障程度

城　市	最低工资标准（元）	年最低工资收入（元）	10%最低收入户年人均消费支出（元）	1.5人年消费支出（元）	收入与支出差额（元）	保障程度（%）
天津	1310	15720	9352	14027	1693	112.1
广州	1300	15600	14146	21220	-5620	73.5
深圳	1500	18000	13510	20265	-2265	88.8
南京	1320	15840	11615	17423	-1583	90.9
武汉	1100	13200	9454	14181	-981	93.1
沈阳	1100	13200	9071	13606	-406	97.0
呼和浩特	900	10800	8254	12381	-1581	87.2

注：呼和浩特市的相关数据均为2011年数据；由于现行数据资料还不能提供真实的赡养系数，故各城市赡养系数暂时按照1.5计算；收入与支出差额=（当年最低工资标准×12）-（10%最低收入户人均消费支出×1.5）；保障程度=年最低工资收入÷1.5人年消费支出。

资料来源：根据各城市统计年鉴公布数据计算。

从表7-1可以发现，在上述7个城市中，只有天津市2012年的最低工资标准可以满足本城市10%最低收入户1.5人的生活消费支出水平，最低工资保障程度达到112.1%，改变了往年低于100%的状态，其余6个城市都没有达到这样的保障程度。在保障程度低于100%的6个城市中，沈阳市、武汉市和南京市的保障程度高于90%，呼和浩特市和深圳市的保障程度高于80%，广州市的保障程度只有73.5%。

（三）确定和调整最低工资标准的方法存在缺陷

《最低工资规定》附件中提出了确定最低工资标准的两种通用方法，一种是比重法，另一种是恩格尔系数法。此外，附件中还提出了相对适度的最低工资标准验证区间，即最低工资标准相当于社会平均工资的40%~60%。无论是比重法，还是恩格尔系数法，都把居民一定程度的生活消费支出需要和就业者应承担的赡养责任作为确定最低工资标准的分析测算基准，并在此基础上再考虑其他相关因素，最终通过验证加以综合确定。这种做法是比较合理的，但是，这两种方法本身和在使用这些方法时仍然存在几个问题。一是前述内容中曾提到的最低工资保障程度定位不明确的问题，不同地区在认识上和做法上产生了分歧。二是最低工资保障程度的定位如果能够明确一致的话，比重法和恩格尔系数法实际上是同一种方法，测算的结果应该基本相同，两种方法只是计算的切入角度不同，完全没有必要让各地区在两者之间选择比较。如果选择了比重法测算，那么另外再选择相对复杂的恩格尔系数法进行测算，不仅不方便，而且是"画蛇添足"。三是我国现有统计资料中至今没有公布准确的就业者家庭人口的赡养系数，在目前国家统计部门公布的"平均每一就业者的负担人数"指标中因在每一就业者所负担的人数中还包括了虽不能获得工薪收入但有其他正常收入来源的人口（如领取退休金人口及从事非就业形式的其他经济、文化产业活动人口），从而使其与工薪就业者的实际赡养人口有较大区别，两者并不能相互替代，如果将平均每一就业者负担人数作为赡养人数直接纳入最低工资标准测算确定过程，则容易出现较大误差。四是测算公式中的赡养人数没有明确规定为城镇居民最低收入户的平均赡养人数，若使用本地区所有居民的平均赡养人数就会出现明显偏差。五是现行测算方法是在计算出月最低工资标准后，再考虑职工个人缴纳社会保险费、住房公积金、职工平均工资水平、社会救济金和失业保险金标准、就业状况、经济发展水平等因素，然后对最低工资标准测算值进行必要的修正（即另外加入一个 a 值）。但对于这些因素不应同时并列考虑，对于职工应负担的各项社会保障个人缴费部分，在测算时应首先作为必要项强制纳入修正值（可以是 a1），其他经济、社会和政治等因素应在此后加以综合考虑加入修正值（可以是 a2）。六是根据《最低工资规定》中按照国际上一般月最低工资标准相当于月平均工资的 40% ~ 60% 的比例进行测算验证，但其中并未说明是以本地区全部就业者的平均工资还是城镇单位就业者的平均工资为依据。国内统计部门对于全部就业者的平均工资从未统计公布过，但只以城镇单位就业者的平均工资作为最低工资标准测算验证依据又明显不合理，因此目前还难以用此方法进行必要的测算验证并做出相应决策。七是现有规定中缺少有关最低工资标准调整的紧急启动机制。如遇到消费价格大幅上升或经济形势非常严峻的情况，政府部门难以及时启动相机调控和定向调控措施。

（四）缺少前期评估与征询意见程序

合理确定和调整最低工资标准也是一种政府决策行为。为确保最低工资调控目标的合理性与适度性，政府部门有必要在调控机制中严格遵循科学与民主原则，切实做好对最低工资标准调整的前期评估以及意见征询工作。

在进一步确定和调整最低工资标准之前，各地区为确认调整依据和确定调整幅度，大都进行了必要的研究和测算工作。但根据一些地区反映的情况，在进行这类研究和测算工作时仍缺少对最低工资标准前期调整效果及相关经济社会影响的系统评估，以及对各类企业和各方意见的综合分析，而且最终调整方案还时常与实际测算脱节，容易受到长官意志和与邻近地区攀比意识的干扰。当各地最低工资调整方案及相关材料报送给国务院主管部门后，主管部门没有一个对各地最低工资调整方案上报后的审核评估机制，同时又缺少相关资料和必要人力，因此难以提出具体指导意见。在一般情况下，只要地方报送的最低工资调整方案不是过于草率或与政府调控思路有冲突，都会顺利通过。在评估分析的技术方法上，目前存在的主要问题是，评估分析与测算工作没有紧紧围绕最低工资保障与调控的核心目标展开，很容易受到经济、社会和地方主要领导施政方略等各种因素的交互干扰。最低工资保障与调控的核心目标是保障工薪就业者及其家庭赡养人口的基本生活。要实施这种劳动力市场价位的底线保障与合理调控，让劳动者凭借正常劳动付出所能取得的最低工资报酬就能够保持低水平的稳定生活，而不会因为工资收入负担不起这种生活成本，还要另外寻求其他收入的补偿或救济。但是，目前很多地区仍然没有把这样的生活成本作为研究分析和测算确定最低工资标准的首要依据，并在此基础上再根据其他经济、社会和政治等各种因素进行适当调整。实际上，一些地区在研究分析和测算确定最低工资标准时并没有按照这样的目标和程序去做，而是将生活保障、经济增长、招商引资、就业、企业成本、工资结构、物价、社会建设和地方领导施政方略等很多因素放在一起平行考虑。这很容易淡化并偏离最低工资标准保障与调控的核心目标，不仅容易导致决策难，而且会使调整方案难以达到应有的保障与调控效果。其他经济、社会和政治因素并不是不应当考虑，重要的是要合理区分主次关系，先围绕最低工资保障与调控的核心目标研究确定基本调整方案，然后在此基础上再结合那些可以考虑的相关因素并最终确定总体调整方案。

《最低工资规定》中有明确的规定：由省、自治区、直辖市人民政府劳动保障行政部门（现为人力资源和社会保障部门）会同同级工会、企业联合会/企业家协会研究拟订最低工资调整方案。但在实际工作中，有些地区还没有严格贯彻执行这一规定。有的地区政府部门在对最低工资标准及其执行情况的前期评估分析以及此后的研究确定方案过程中都没有让同级工会和企业组织参与进来，只是在方案制定之后甚至在方案报送前才临时征求相关机构的意见。因此，一些工会和企业组织的人员认为，这种征求意见的方式只是象征性的，是走过场，是流于形式，因为在这种情况下再有不同意见，也不可能回过头来重新进行研究分析或更改既定方案。有的地方部门对研究制定方案也有些抱怨，研究分析和测算本地区最低工资标准的调整方案往往只是象征地在做表面上的程序性工作，参与协商的机构也都是配角，最终决定权在地方行政领导手中，可能导致最终结果与最初提出的方案之间出现较大差距。

（五）问题产生的主要原因

1. 对最低工资保障目标的认识还不太一致

一种观点认为，国家实行最低工资保障就是对劳动力市场工资率形成机制的一种干预行为，将最低工资置于市场工资率之上，必然会打破市场均衡，降低市场均衡状态下的就业水平。因此，最低工资只要保障就业者及赡养人的生存即可，不宜再高，否则就会形成对劳动力市场的过度干预，会对就业水平及小企业的生存发展带来负面影响。另一种观点认为，最低工资标准应当担负更多的民生改善功能，其目前也是政府工资调控当中最实在、最有力的工具。因此，为促进低收入群体收入增长，拉动整体工资增长，快速增加城镇居民收入，就要持续加大最低工资调整力度，把最低工资标准调得高一些。还有观点认为，发达国家的最低工资标准普遍较高，能够赡养人口数较多，与社会平均工资的差距没我国这么大，因此我国应当继续大幅提高最低工资标准。

2. 对最低工资标准调整机制的法制规范程度偏低

目前我国对最低工资调控机制的具体安排和规范主要依据的是国务院所属部门的规定，而最低工资调整的决定权和具体操作权却在各省、自治区和直辖市。这种状态势必使现行最低工资标准调整机制的指导性偏多而权威性不够。由于现行规定中指导性成分较多，所以给予各地区在最低工资调整方面的考虑因素过多，操作的空间范围过大，容易使一些地方领导不太重视最低工资保障的核心目标及其合理测算的结果，而是过多考虑了与最低工资相关的其他次要因素，以及最低工资在地方经济社会发展中的其他调节功能，不能严格遵循基本工作程序。

二 工资增长指导机制

根据 1997 年劳动部颁布的《试点地区工资指导线制度试行办法》的规定，工资指导线制度是社会主义市场经济体制下，国家对企业工资分配进行宏观调控的一种制度。其目的是在国家宏观指导下，促使企业工资分配的微观决策与国家整体工资收入分配政策相协调，引导企业在生产发展、经济效益提高的基础上，合理安排工资增长，合理确定工资水平。因此，工资指导线的调控目标就是引导企业工资合理增长。

（一）全国性的工资增长目标导向不明确

我国在建立市场经济制度伊始，有几个地区就开始试行建立工资指导线制度，1997 年后在各地区进一步推广。到 2000 年前后，全国各地区（除港澳台地区）已全面建立了工资指导线制度，由当地政府每年定期向社会发布工资指导线。但是我国工资指导线实际上仍处于地区试行状态，在国家层面还没有形成工资增长的整体目标导向，以指导、协调各地区的工资增长目标导向。各地区制定发布的工资指导线只考虑了各地区内部的调控需要，只提出了对各地区范围内企业的工资增长预期，虽然各地区也会顾及国家整体经济社会发展趋势及相关政策要求，各地区工资指导线也要有一个上报国务院主管部门审核的程序，但由于事先并没有一个全国性的工资增长目标导向，所以各地区自己制定的工资增长线很难保证与全国整体性的工资增长调控政策保持必要的协调性。

尽管我国地区差异较大，确定全国性工资增长年度预期目标确实有很大难度，但毕竟在国家层面分析把握经济社会发展大势的能力相对较强，做出合理预期的可能性较大。缺少全国性工资增长目标导向，国务院主管部门就缺少了对各地报送的工资指导线的一个重要审核依据，也就难以通过这一渠道使宏观层面的工资调控政策通过各地区制定的工资指导线尽可能贯彻下去，并传递到微观层面，促使工资增长调控达到"上下协调、相互贯通"的效果。

（二）地区目标导向过于宽泛

工资指导线是要对企业工资增长发挥调控引导作用，但在市场经济条件下，它的调控引导对象应当是市场工资水平的增长目标，或企业整体工资水平的增长目标，而不应当是某个或某类企业的工资水平或工资增长目标。但是，各地区根据现行制度安排、制定、发布的工资指导线，都是在工资增长基准线基础上又分别设定了工资增长的上线和下线，希望将各个或各类企业的工资增长都能够限定在一个比较宽泛的"适度区间"内，然后可由企业根据自身经济效益等相关情况做出工资增长的具体安排。这种对企业工资增长给予分类调控与引导的调控引导方式想要考虑和照顾社会各类企业所处的不同情况，尽管总体思路是正确的，但同时也形成了制定工资指导线的调控目标和方法不合理的问题。

上述问题并不在于研究制定工资增长基准线方面，而是在于工资指导线上线和下线的设定方面。根据现行工资指导线制度安排，各地区在研究制定工资指导线基准线过程中，都要以本地区经济增长率、社会劳动生产率、城镇居民消费价格指数为主要依据，并综合考虑城镇就业状况、劳动力市场价格、人工成本水平和对外贸易状况等相关因素加以制定。假如撇开研究制定方法及最终决策方式，考虑到上述这些因素在研究制定工资指导基准线过程中都是与工资合理适度增长紧密相关的重要因素，其意图不仅在于让工资增长弥补消费价格上升因素，还要通过工资增长使劳动者适当分享经济发展成果。这样的调控引导目标不仅是明确的，而且是积极的。但是，对工资指导线设置上线和下线却难以实现对企业工资增长的合理调控与引导。首先看工资指导线上线，政府部门通过这样的设置，是希望引导经营条件或效益好的企业可以在基准线和上线之间安排更大幅度的工资增长。如果说这种安排是以国有企业为调控对象的，则其并无实质意义，因为政府部门对国有企业的工资总额及工资水平调控还有专门的制度性安排；如果说这种安排是以非国有企业为调控对象的，则其也无实质意义，因为这些企业工资增长受市场规律调节，其不会不顾生产经营的风险及损害随意决定以较大幅度增加工资。我们了解到，有些国有企业总是抱怨，既然政府制定发布的工资指导线是允许和引导经济效益好的企业在基准线和上线之间多增加工资，但又为什么不按照工资指导线允许我们这样安排增加工资呢？社会上有一些经济效益较好的非国有企业也提出过这样的意见，如果我们企业需要在某个年度多安排增加一些工资（比如前几年企业给员工增加得少了，今年想多增加点），我们会择机安排，但政府部门设置了工资增长上线预警，是不想让我们这样增加工资。再看工资指导线下线，政府部门通过这样的设置，是想让经营条件或效益不太好甚至较差的企业在下线和基准线之间适当安排工资增长。从各地区实际情况看，有的地区将工资指导线下线设置在弥补或部分弥补消费物价上升幅度从而尽可能使实际工资不降低的水平上，有的地区则设置在允许企业工资零增长或负增长但不能让员工工资水平低于最低工资标准的限度上。从道理上讲，除非国家处于经济社会危机时，否则由政府部门出面设置允许工资零增长或负增长的调控引导目标并不适合。在市场经济条件下，企业经营状况千差万别，工资水平及增长都会受到劳动力市场关系的制约与调节，政府部门不应再因部分企业可能遇到的某些困境，相应设置负面的工资增长调控引导目标，况且最低工资标准已经是工资支付的底线，因此政府部门一定要从正面引导企业尽可能创造条件确保员工工资正常增长，决不应当给出企业可以不增加工资甚至降低工资的政策指导。否则，政府对工资增长的引导和调控目标就不能集中，甚至使工资调控产生混乱和相互矛盾的局面，这不仅会淡化政府对企业工资增长的总体调控目标，削弱工资调控的整体协调性，而且不利于政府调节工资差距，理顺工资分配关系，甚至还会对转换经济增长方式和调整产业结构产生负面影响。[①] 另外，一些企业也可能以此为借口，不安排员工正常增资。

目前一些地区政府已经开始制定发布行业工资指导线，希望借此细化和落实工资指导目标，同时引导本地区的行业性工资集体协商。虽然这些地区政府的意图和出发点很好，但是这种做法对于充分发挥市场决定性作用和更好发挥政府调控作用并不合适，甚至适得其反。一方面，由政府制定发布行业工资指导线缺乏客观必要性。如果某些地区的行业性工资集体协商能够正常开展起来，那么劳资双方都会根据自己的利益要求和掌握的行业信息对行业工资分配问题进行协商，而由政府先行发布行业工资指导线，尽管其不具约束性，但制定过程中也要先征求劳资双方的意见，然后再决定发布，用以指导劳资双方协商，这样的过程反而会使劳资协商成为多余，或者只是让大家走个过场。如果政府事先不征求劳资双方的意见，则对于行业工资集体协商会有干预在先之嫌，也会对正常开展行业性工资集体协商形成负面影响。另一方面，由政府制定发布行业工资指导线缺乏合理性。从政府部门及其工作人员的职责及其职业特征方面分析，一个地区行业众多，即使是重点行业也不少，行业之间的情况存在较大差别，某个行业内部企业之间的差别更大。政府

---

① 理论和历史经验都可以证明，维持低工资状态会降低企业转型升级的动力。

部门受职能、人力等各种因素限制，不可能全面掌握某个行业及其内部各类企业的经营规律、发展战略和相关信息，如果花费很大时间精力制定发布出来的行业工资指导线难以适应行业实际情况和发展需要，则会使政府部门的工作得不偿失或者很被动，甚至诱发市场主体对政府工作的不信任。

（三）目标引导手段比较缺乏

政府部门在与工会组织和企业组织协作基础上制定发布工资指导线，其目的和意义在于给市场主体（仅视为企业应当是一种误解）双方提供一个可以通过协商或其他方式安排工资增长的较为合理的参照依据。它的基本功能就是指导市场主体的决策行为，使之能够参照工资指导线安排工资增长，从而符合有利于经济社会发展的政府调控目标。这就决定了工资指导线本身确实不具备对市场主体双方的强制力和约束力。但是，要让工资指导线发挥指导作用，争取达成政府预期的工资增长调控目标，还应寻求与之相配套的其他政策引导手段。

自工资指导线制度实行以来，政府部门和社会人士普遍认为工资指导线的调控作用软弱，缺少相应的调控手段以实现工资指导线提出的调控目标。为此，有的地区想做实工资指导线，希望在其中加入某些强制性要求。但是，这种做法不仅改变了工资指导线制度的原有性质，而且政府存在"越位"之嫌。目前有的地区为增强其引导作用，实行了企业执行工资指导线备案制度，希望通过让企业履行行政规定的备案程序，达到督促企业做出与工资指导线要求相符合的工资增长安排。这种企业执行的工资指导线备案制度，名义上有一定的行政管理色彩，但其实质上是希望企业将按照市场规则和法定程序形成的工资增长预案或实际方案告知政府部门，这样可以使政府部门充分了解企业工资增长的总体情况及存在的问题，以便于进一步采取其他调控政策措施。在现有条件下，尽管这种做法也有一些不足，但毕竟是能够产生一定引导效果的可以使用的手段之一。

（四）问题产生的主要原因

1. 工资增长指导与经济调节手段脱节

在引导企业达成工资正常增长调控目标方面，负责工资调控的政府部门并不能直接掌控或运用有利于调动企业工资增长的相关经济要素和经济杠杆。比如，对于一些融资成本和税费成本压力较大的企业，适当使用财政、税收杠杆可以调动企业工资增长，调整某些社会保障项目的缴费基准也可以成为促动企业工资增长的杠杆，但是这些手段现在政府部门都难以运用起来。

2. 缺少与工资指导相衔接的法律强制

工资指导线的一项重要功能是引导市场主体双方通过集体协商方式合理安排工资增长。因为只有使微观层面的工资正常增长机制发挥出应有的作用，才能使宏观调控目标与微观决策行为产生互动效应。因此，只要市场主体双方能够依法正常启动集体协商，就有利于促使企业工资正常增长，落实工资增长的宏观调控目标。然而现实状况是，很多行业企业的工资协商或集体协商正常渠道仍不畅通。一种较为典型的情况是，劳动者或工会一方提出了集体协商及工资增长的要求，但企业一方会采取压制或回避行为，使集体协商无法正常启动。对此，现有法律法规中普遍缺少强制启动集体协商的相关规定，个别地方（如江苏省）立法中虽有相关规定和罚则，但也因各种原因难以真正启用。某些国家相关法律中有这样的规定，如果出现上述情况，企业一方可以拒绝或回避工会的谈判要求，但是要相应承担按照工会一方提出的增加工资的要求而直接增加工资的法律责任，否则就会受到法律的严厉制裁。这不仅是一种很有效的促使集体协商正常启动的法律手段，而且也是促使工资正常增长的经济手段。如果我国能够在相关法律法规中规定对集体协商采取回避的一方需要承担按照工资指导线基准增加工资的法律责任，那么相信同样可以收到促进集体协商的效果。

三　工资信息监测引导机制

在市场经济条件下，劳动力市场工资价位和行业人工成本等与企业工资分配紧密相关的各项指标数据都是客观反映劳动力市场运行和企业工资分配状况的重要信息。其功能作用主要体现在两个方面：一是政府部门了解和掌握这些信息，可以有效监控劳动力市场运行和企业工资分配状况，合理制定企业工资分配调控政策；二是企业了解和掌握政府部门发布的这些信息，可以根据劳动力市场价格走向，以及政府的工资调控政策，合理确定企业内部各类员工的工资水平和企业人工成本水平，实行有利于发挥工资激励作用并保持企业竞争力的工资分配制度安排。这类信息对企业和政府部门都很重要，而政府部门对全面调查掌握这类信息资源又具有相对优势和良好条件，因此一些国家政府机构将定期调查、统计和发布这类劳动力市场信息作为政府向社会提供公共服务的一项工作，从而发挥对企业工资分配的有效引导作用。我国从 20 世纪 90 年代中后期开始建立这两项信息指导制度，至今已经成为各地区人力资源和社会保障部门调控引导企业工资分配中的两项重要工作。政府机构要做好企业工资分配信息引导工作，达到较为理想的信息引导效果，需要从以下几个方面采取措施：一是要利用有限的人力物力资源向市场主体传递能够集中反映工资价位和行业人工成本实际状况的重要数据，根据各方需要建立相对合理的数据引导指标体系；二是要最大限度地保证数据的真实性和准确性，以良好的信息质量保证良好的引导效能；三是要及时传递相关信息，合理把握信息传递的频率，保证信息引导的及时性和有效性；四是要构建社会多方参与、相互协作的信息引导工作机制，保证政府机构和市场主体都能全面、及时、准确地了解和掌握信息，在信息社会实现全方位和多渠道的信息引导，以最大限度地发挥信息引导效应。但是，目前的信息引导机制在指标体系、数据质量、发布及时性和工作机制四个方面还存在一些问题。

（一）部分地区劳动力市场工资价位数据偏少

部分地区发布工资价位的职业（岗位或工种）数量偏少，达不到能够反映本地区主要职业（岗位或工种）的数量需要，从而使不同地区统计发布工资价位的职业（岗位或工种）数量形成较大差距。根据现行制度的要求，各地区调查发布工资价位的职业（岗位或工种）数量应尽可能多一些，最好能够较全面地反映当地劳动力市场中主要职业（岗位或工种）的工资水平。但是，有些地区每年调查发布的职业（岗位或工种）工资价位数据只有区区几十个，根本无法满足企业了解和掌握劳动力市场工资价位及其动态变化情况的基本需求，从而使工资价位的引导作用相应降低。

（二）现有工资价位尚不具备指导性

各地区发布的市场工资价位只是样本企业相关职业（岗位或工种）工资报酬的统计调查结果，实际上也是劳动力市场调节和企业内部工资分配的结果，受到了劳动力市场供求、企业工资分配制度和分配策略、企业经济效益状况和在岗人员工作业绩等众多因素的影响。通过这样的信息，人们还看不出某个或某些职业（岗位或工种）的工资水平变动到现有程度是什么因素造成的，在某些客观因素影响下还将发生怎样的变动，而且会带来怎样的相关影响，因此，这样的信息不能让信息使用者把握其工资水平变动趋势，不能对市场主体的行为方式进行相应引导。

（三）行业人工成本重要指标数据有缺漏

根据劳动和社会保障部 2004 年发布的《关于建立行业人工成本信息指导制度的通知》及其附件中的《行业人工成本信息指导制度实施办法》的要求，指标体系中应包括人工成本水平指标、人工成本结构指标、人工成本投入产出指标以及人工成本指数指标四类。其中，人工成本水平指标可设置人均人工成本和职位人工成本两项指标，人工成本结构指标可设置人工成本结构比例和人工成本占总成本比例两项指标，人工成本投入产出指标可设置劳动分配率、人事费用率和人工成本利润率三项指标，人工成本指数指标可设置人工成本环比指数和人工成本定比指数两项指标。从已经多年发布行业人工成本信息的部分中心城市的实际调查发布情况看，这些城市在调查发布工作中所使用的指标有很多不同之处，普遍存在不规范和部分重要指标缺漏的问题。对于人均人工成本水平、人工成本结构比例、人工成本占总成本比例、人工成本水平年度增长率这四项指标，各城市一般都会发布，但对于劳动分配率、人事费用率、人工成本利润率这三项投入产出指标，很多城市或多或少都出现不同程度的缺漏（有的城市虽然不缺重要指标，但统计指标的表达方式不一致），特别是现在大多数城市仍然未把最能够集中反映企业人工成本状况的劳动分配率指标纳入数据指标体系。对于职位人工成本指标，各城市至今还从未调查发布过。

各地指标不完整、不统一会产生一些不利影响：一是缺少劳动分配率这类重要指标不利于本地区信息使用者全面掌握行业人工成本信息，不利于准确把握相对人工成本水平变化趋势，无法科学合理地做出相关决策；二是各地指标不同让信息使用者难以对不同地域同行业指标数据进行对比分析，如某集团公司的子公司分布于各地，它就难以掌握各地具有可比性的行业人工成本信息，并以此为依据加强对子公司人工成本的调控与管理；三是同样指标的表达方式不同，虽然比没有相应数据要好，但会相应加大使用者的加工分析成本。

（四）行业人工成本数据大都未按企业类型和规模分类

根据企业人工成本管理科学方法，企业不仅需要分析比较同行业企业的人工成本信息，而且最好是分析比较同行业内部具有同等规模或相互竞争关系企业的人工成本信息。政府部门要增加行业人工信息的引导作用，就需要调查发布这类信息。2004 年《行业人工成本信息指导制度实施办法》曾提出，各地确定调查企业要兼顾企业经济类型和规模，但并未要求人工成本各项指标一定要按不同的企业规模进行分类统计发布。目前国内只有上海市每年发布的行业人工成本信息中有不同规模企业的分类数据。同行业不同规模企业的人工成本确实存在较大差异，不按企业规模分类，就会降低信息数据的针对性和实用性。如果一个企业只是参照同行业人工成本的平均水平进行决策，就很可能导致决策失误。

（五）工资价位和人工成本数据质量还不高

统计发布的信息质量从根本上决定着信息引导的质量。如果政府部门统计发布的工资分配相关数据信息难以做到真实、准确，不仅会引起使用者的质疑，而且还可能误导使用者，这也就失去了应有的信息引导作用。从现在各地调查发布的工资价位和行业人工成本数据情况分析，信息失真或不准确的情况仍然普遍存在。这说明一些地区在调查和统计过程中仍没能把好数据质量关。仅以东部某城市 2013 年发布的工资价位为例，有 36 个职位工资价位的高位数年度增长率超过 30%，其中邮政业务人员、其他安全保卫和消防员的年度增长率分别达到 496.7% 和 278.9%；有 10 多个职位的工资价位是下降的，部分职位降低幅度超过 60%。^① 再以东部某城市调查发布的行业人工成本数据情况为例，通过对制造业等 9 个行业 2012 年人工成本水平增长数据与工资水平增长数据对比分析发现，两者既不同步也不相关，甚至出现了相互背离的关系，就是在工资增长快时其人工成本增长却很慢，工资增长慢时人工成本增长却较快。这种现象完全不符合人工成本水平的变动规律，从理论上和实践上都无法解释清楚，只能认为是由数据失真导致。^②

（六）问题产生的主要原因

1. 调查统计方式方法不太合理

劳动力市场工资价位和行业人工成本调查统计的方式方法可以被视为一种工作机制。对于这两项工作，目前少数地区是由政府部门人员直接从事的，多数地区则需要另外借助社会力量协作开展工作。在数据质量方面，有的问题是由抽样调查的样本太少、缺少足够代表性造成的，少数样本无法准确反映其真实状况，从而使调查统计结果出现明显偏差；有的是由抽样调查的样本数在年度间变动较大造成的，以东北某市为例，其在 2008~2012 年的调查户数分别是 379 户、383 户、1300 户、4100 户和 1104 户，调查样本数和调查样本结构在年度间发生如此大的变化，势必造成数据统计结果的大幅波动，从而影响数据的稳定性与可比性。更为重要的是，由于政府机构对此类工作的人员、时间和财力投入有限，各地区在确定调查统计样本后，一般都是通过调查对象填报报表方式获取基础数据，而不是通过专门的调查员直接从调查对象那里采集基础数据。根据

---

① 刘学民主编《中国薪酬发展报告（2013—2014 年）》，中国劳动社会保障出版社，2014 年，第 180~182 页。

② 刘学民主编《中国薪酬发展报告（2013—2014 年）》，中国劳动社会保障出版社，2014 年，第 180~182 页。

国内调查对象的现实情况，如果填报人员的能力素质达不到要求，或出于企业自身利益而填报不实，则难以保证按现有调查统计方式所获得数据的真实可靠性。根据一些发达国家的调查统计经验，凡是这类基础性或重要数据都应由专门的调查员直接采集并加以核实后才能加工使用，从而保证这些信息的真实可靠性。因此，数据质量上的问题均与上述几种情况紧密相关，多数问题不是出在数据加工环节，而是主要出在数据采集环节。如果在工作机制中不能从源头上尽快解决这个问题，不仅会使工资价位和行业人工成本信息引导机制难以发挥应有作用，而且也会对政府调控企业工资分配的各个领域产生较多负面影响。

2. 对信息指标体系缺少合理、统一规范

鉴于政府机构的人力、物力、财力限制，工资价位涉及职业（岗位或工种）不能过少，也不能过多，应尽可能选择各地区主要行业中有代表性的标杆职业（岗位或工种），且名称上各地区要尽可能一致。但是，国内对此还没有标准目录，也没有以此确定一个较为适度的数量范围。行业人工成本信息发布制度至今还是在少部分中心城市试行，仍没有完全推开，现有文件中对指标体系只提出了示范性表述，并没有进行强制性规定。因此，这项制度实际上处于中央部门指导地方部门在中心城市试行的状态。在这种状态下，各项指标只能由各试行城市根据领导重视程度、调查统计能力等情况自主选择使用。比如，有的地区认为采集制造业以外其他行业企业的增加值有难度，因此就没有设置劳动分配率指标。

3. 信息发布不及时且周期较长

现在劳动力市场工资价位和行业人工成本信息的统计发布都是每年一次，在第二年统计发布上一年度的数据。从各地区多年统计发布情况看，一般上年度的数据只能在下半年陆续发布出来。实际上，从整个宏观经济调控来看，凡是应发挥调控或引导作用的重要数据，都应尽可能缩短统计发布周期。比如，目前我国及世界主要国家的重要经济数据都是按季度统计发布的。如果统计发布周期过长，确实会影响企业经营管理方面的决策和政府机构调控方面的决策，从而也就难以发挥这些重要数据的及时引导作用。

现在各地区对城乡居民收入和工资水平一般都是按季度进行分析的，因此劳动力市场工资价位和行业人工成本信息的统计发布周期明显过长，统计发布的时间也明显滞后，与政府对当地经济的调控引导工作不匹配、不协同，也难以及时满足市场主体的需要。

四　国有企业工资监控机制

对国有企业工资分配的调控是政府工资宏观调控的一个特殊领域，其调控目标和调控方式明显不同于政府对一般企业的调控目标和调控方式。政府部门对国有企业工资分配实施调控，需要以代表国家行使国有资产所有权和履行宏观调控职能为法理基础，以相关法律法规为依据，以行政干预为主要手段，以调节国有企业工资水平与其他社会公众企业工资水平的相互关系为工作重点，同时兼顾国有企业的特定功能和生存发展战略，保持必要的工资激励作用。从国际上看，各国政府调控国有企业工资分配都是依法正常履行职能，不会放任不管，但国有企业情况千差万别，只不过有的国家管控措施严格细致，有的国家管控措施相对粗放。我国国有企业情况较为特殊，主要是国有企业数量众多，光是国有控股企业现在就有20多万家；行业分布广泛，全国国有企业几乎在各个国民经济大行业和各个细分行业中均有分布；行业集中度较高，特别是在国民经济关键和重点领域都有规模庞大的企业，行业集中度和垄断程度很高，对整个国民经济运行和发展影响很大；企业经营与工资分配状况很不均衡，那些占有各类重要资源和高端地位的国有企业的经济效益和工资水平都很高，但涉及公益服务领域和处于激烈市场竞争领域的部分国有企业的经济效益和工资水平则相对较低。[①] 国有企业的这种现状，加大了政府部门对国有企业工资收入分配实施调控的难度，也增加了政府部门围绕调控目标处理好公平性和激励性相互关系的难度，同时还增加了政府部门运用合理有效的调控方式和方法的难度。

（一）工资关系的合理性与公平性不在调控的优先位置

长期以来，政府部门按照"效率优先、兼顾公平"的原则调控国有企业工资分配，将调控重点放在调节企业工资总额与其经济效益相关指标的相互联系上，其中一个典型做法就是对国有企业实行工资总额与经济效益挂钩制度。在经济转轨的国有企业改革初期，实行工效挂钩确实有一定的道理和好处。国有企业毕竟是企业，同样要讲求效率，有些竞争性的企业还应当追求经济效益最大化的目标。用工效挂钩方式调控企业的工资总额和工资水平，可以充分发挥激励作用，让企业通过持续努力提高经济效益水平来提高内部员工的工资水平，从而实现企业工资的合理正常增长。在采用这种调控措施时，政府部门也曾考虑到国有企业之间工资增长的内部公平性问题，以及部分国有企业工资水平过高、增长过快等社会公平性问题，并先后使用过增加投入产出和社会效益指标衡量、加强企业效益横向比较，剔除各种"非劳收益"，从严审核工资水平过高行业企业的工效挂钩方案，调减工资增长系数和增量等方式，以尽可能将各类国有企业的工资增量调节到相对公平合理的程度。但是，不管是这种工效挂钩调控方式，还是对部分国有企业采用的与此大体相同的核定绩效工资调控方式，以及国有资产监督管理机构采用的工资总额预算管控方式，它们在调控思路和方法上都有一个相同的

地方，就是将妥善处理企业工资和经济效益之间的关系放在确定调控目标的优先位置，而不是将妥善处理企业工资水平与社会工资或市场工资水平的相互关系放在确定调控目标的优先位置。

观察市场经济体系相对成熟的国家，鲜有国会或政府机构将国有企业的经济效益水平及其增长情况作为调控企业工资分配的主要目标，并据此确定国有企业工资水平定位和工资增长幅度。从多数国家的实际做法上可以发现，它们在确定国有企业工资预算或工资标准时，更倾向于妥善处理其工资水平与社会工资或其他类似企业工资水平之间的合理性与公平性，使国有企业员工工资符合市场基准，当然在此基础上也会适当考虑国有企业经济效益状况。这种调控思维在国会或政府确定国有企业工资或薪酬水平定位和增长方式过程中都得到了体现。比如，在工资或薪酬水平定位上，各国普遍将国有企业工资水平定位于有可比性的民营企业工资水平大体相当或相对偏低一些的位置，将国有企业高层管理人员的薪酬水平定位于有可比性的民营企业高管薪酬总体水平适当偏低的位置；在调控国有企业工资增长上，有些国家（如日本）规定国有企业工资增长应滞后于民营企业工资增长，并参照民营企业的工资增长幅度，再对国有企业各类员工的工资增长幅度做出适当安排。

相比其他国家，我国国有企业确实有自己的特殊情况。比如，其他国家的国有企业数量相对较少，在企业总体数量中的比例不大，多数企业在其他社会资本不愿投资经营的领域或法律规定不能由其他社会资本涉足的领域从事经营活动，其在整个经济领域或各自行业领域内往往不占据支配地位或优势地位，主要提供公益服务，不以营利为主要目标。然而，我国国有企业在很多方面与此不同甚至相反，不仅数量多、比例大、类型复杂，而且多数国有企业在经济或行业领域都占据了支配地位或优势地位。因此，我国国有企业的工资总体水平不仅高于其他类型企业，而且在绝大多数行业内部，国有企业的工资水平也呈现这种状况，特别是有些行业的国有企业工资水平是其他类型企业的 1 倍甚至 2 倍（见表 7 - 2）。

表 7 - 2　2015 年分行业国有单位与私营单位平均工资比较

行　业	私营单位平均工资（元）	国有单位平均工资（元）	国有/私营倍数（倍）
农、林、牧、渔业	28869	31374	1.09
采矿业	38192	59673	1.56
制造业	38948	64931	1.67
电力、燃气及水的生产和供应业	34631	80066	2.31
建筑业	41710	49544	1.19
交通运输、仓储和邮政业	40495	70908	1.75
信息传输、软件和信息技术服务业	57719	69858	1.21
批发和零售业	36635	69300	1.89
住宿和餐饮业	31889	43621	1.37
金融业	44898	100672	2.24
房地产业	41767	55922	1.34
租赁和商务服务业	43770	55016	1.26
科学研究和技术服务业	50441	80409	1.59
水利、环境和公共设施管理业	37222	42705	1.15
居民服务和其他服务业	33203	49144	1.48
教育	37040	67442	1.82
卫生和社会工作	40558	73490	1.81
文化、体育和娱乐业	34974	73447	2.10

资料来源：根据《中国统计年鉴》相关数据整理。

不论我国国有企业有什么样的特殊性，工资或劳动报酬总是市场经济条件下的一种经济要素价格体现，应当受到市场规律的制约与调节，从而使各类人力资源要素的工资价位处于一种分层均衡状态。如果市场不能将其调节到这种状态，产生了社会公众难以接受的不公平现象，那么政府就有义务依据调控职责采取相应措施，将其工资水平调节到符合市场规律的相对均衡状态。因此，在政府调控企业工资方面，确保工资关系的公平性应当成为首要调控目标。当然，在政府调控国有企业工资分配时，也不是只要公平，不要效率，不讲效益，在把工资关系的合理性与公平性放在调控首要目标的同时，可以把保持工资对企业效率和效益的激励作用（但这毕竟是微观管理者的职责）放在工资调控的从属位置，尽量保持好两者之间的协调关系。

（二）国有企业工资水平的合理定位不明确

政府部门在调控国有企业工资分配过程中，要将工资关系的合理性与公平性作为调控首要目标，并保持工资的激励作用，还需要明确应将国有企业工资水平调控到一个什么样的合理程度。在采用工效挂钩或其他类似调控措施时，政府部门重点关注的是国有企业的工资总额及工资水平增量，但并不清楚应将各个国有企业的工资总额或工资水平增量控制到何种程度，从而符合预期调控目标。当然，政府部门在调控时也担心那些工资水平过高的国有企业工资增长过快，因此曾使用严格审查方案和分档计提等方式进行适当控制。但是，政府部门仍然不清楚在采取这些措施的时候应当将这类企业的工资水平及工资增长幅度控制到什么程度比较合适，只是希望这类企业的工资水平不要太高，工资增长不要太快。比如，有关政策曾明确要求，对工资水平超过社会平均工资1倍以上的国有企业加强调控，但到底将这些企业的工资水平逐渐调整到什么程度为好，现有调控政策仍然不明确。

为合理把握国有企业工资调控的适度性，政府部门也曾经引入合理控制企业人工成本水平的思路，希望在调控中参照行业劳动分配率、人事费用率和人工成本利润率等指标，将企业工资总额及其增长控制到不会引发其劳动分配率和人事费用率逐步上升或人工成本利润率逐步下降的程度。这种改进措施确实为政府调控国有企业工资总额找到了新的依据，而且这种调控方式也有利于确定较为明确的调控目标。但是，这种做法的适用范围毕竟有限。一是不适用于原先劳动分配率和人事费用率相对较低和人工成本利润率相对较高的企业。因为这类企业可能在市场和经营条件变化时，这些指标将逐步回归正常状态，劳动分配率和人事费用率可能会逐步上升，而人工成本利润率会逐步下降。二是不适用于调控具有相对垄断地位的国有企业。垄断程度较高的国有企业因为在资源、市场和政策支持等方面具有先天优势，所以也就具备持续提高经济效益的良好基础与条件。比如，以前有些年份金融类国有企业利润增长幅度都很大，即使其工资增长比谁都快，但人事费用率、工资利润率等指标并没有变差。这种现象说明，只在国有企业各项指标的自我比较中绕圈子，只调控国有企业自身的工资水平、人工成本和经济效益增长之间的关系，仍然难以明确应有的工资调控目标，也难以将国有企业工资总额及工资水平调控到一个相对合理的程度。

（三）工效挂钩机制与工资调控合理目标不匹配

现行工效挂钩及绩效工资调控机制，都是依据国有企业当期经济效益指标增长情况对其工资总量和工资增量加以调控的机制。它们的调控机理是，重点协调工资总量增长与其经济效益增长之间的相互关系，而不是调控企业工资水平及其增长与社会工资水平及其增长之间的相互关系。从企业工资总量与工资水平的关系上说，企业工资水平变动取决于工资总量和员工人数两个因素的变动。当然，调控工资总量对调控工资水平有直接影响，特别是在企业人数不变的条件下，调节企业工资总量与调节企业工资水平的作用是相等的。从近期实际操作看，政府部门在调控过程中也加强了工资总量和工资水平的双重调控措施。比如，对于工资水平相对较高且增长较快的企业，在核定其工效挂钩或绩效工资方案时，政府部门通过调整挂钩指标及其指标权重，或者压低挂钩浮动系数，甚至直接采取分档计提效益工资增量和安排工资零增长的强制手段抑制企业工资水平快速上升。但是，由于这种调控机制自身的缺陷和操作上的问题，其还是解决不了将各类国有企业工资水平逐步调整到社会认可的相对合理程度的问题。其原因是多方面的，一是在调控机制当中缺少在一定时期内对企业工资水平调控的方向和目标，从而难以使企业工资水平逐步达到与社会工资水平更为协调的程度；二是在调控机制中还不能根据目标导向要求，及时调整挂钩指标、指标权重和挂钩浮动系数，做到目标和方法相互适应、紧密衔接，以顺利实现调控目标；三是在调控机制中还不能根据企业目前工资水平及上一年度工资增长偏离调控目标的程度合理确定企业下一年度工效挂钩方案，持续围绕企业工资水平调控目标进行操作。此外，这种调控机制始终难以解决合理剔除国有企业（特别是垄断企业）"非劳收益"的问题，以及部分企业时常遇到的工资正常增长反被客观因素剔除的问题。这两个问题得不到解决，既会在国有企业和其他类型企业间形成不合理的工资差距，又会在国有企业内部形成不合理的工资差距，从而损害企业工资关系的合理性与公平性，损害市场化的工资决定机制及其应有的工资分配秩序。

工效挂钩的核心调控机制是促使企业经济效益和工资总量在原有基础上相互作用并滚动增长。对于占据资源、市场和政策等优势的那些国有企业来说，现有技术方法还无法从其效益增长中合理拆分出哪些效益增长是其凭借自己的努力取得的，哪些效益增长是受惠于"非劳因素"所产生的。然而，对于另外一些国有企业（主要是部分在传统产业领域内的竞争型国有企业），它们时常面对的成本、市场和政策等客观因素的压力却是实实在在的。比如，经过长期努力，有的企业的经济效益挂钩基数特别是利润率水平已经接近顶点，那么在经济效益与工资增长的环比关系中，新增效益的递减必然导致新增工资逐步递减，一旦受到客观环境因素的较大影响，工资总量不但难以增加，甚至可能还会减少。因此，按照既定挂钩方案，一旦企业遇到上述情况，就会导致员工工资增长幅度偏低，或是工资增长幅度低于CPI上升幅度从而使实际工资降低，或是需要承受工资零增长或负增长的后果。遇到这种情况时，政府部门也可能会根据企业困难和要求调整原有挂钩方案，但问题是政府部门并不能及时准确了解到这些企业的具体情况，不敢轻易做出调整的决断，因此造成原有工效挂钩方案的调整过程复杂、调整周期较长等问题。

（四）工资总额预算管理办法存在缺陷

现行工资总额预算管理办法是国有资产监督管理委员会（以下简称"国资委"）在改进原有工效挂钩管理办法的基础上对所监管的中央国有企业工资分配进行监管调控的办法。这种办法对原有工效挂钩机制的改进主要体现在三个方面。首先，在对企业工资总额管理中进一步考虑了调节行业工资分配关系的因素，因而在一定程度上兼顾了对企业工资水平的调控，从而开始将监管调控的重心由工资总额管理向工资水平和工资关系方面转移。这种办法先由国资委按照提高企业核心竞争力和调节行业收入分配关系的总体要求，依据中央企业经济效益增长预测情况，参考国民经济发展宏观指标、社会平均工资、劳动力市场价位等因素，分行业制定和发布工资增长调控线，然后指导并要求企业按照工资增长调控线①及相关因素编制工资总额预算。其次，这种调控办法引入了人工成本控制理念，在编制工资总额预算并测算企业工资增长幅度时，引入了本企业的工资水平与同行业的比较，以及本企业的劳动分配率或人事费用率与同行业的比较，两个不同权重的调节系数可以放在一起相互制约，

---

① 参见《中央企业工资总额预算管理暂行办法》第九条和第十五条规定。

其调节意义在于企业相对人工成本水平相对于同行业水平与其工资水平相对于同行业水平可以互补。其中的含义是，如果某个企业的相对人工成本水平①较低，那么该企业的工资水平适当高于同行业是合理的，在某些情况下其年度工资增长幅度也可以安排得适当高一些。最后，这种调控办法所设定的经营预算目标经过预测，也考虑了当期各种变动因素的影响，并与工资预算目标结合起来，在一定程度上缓解了工效挂钩机制中经济效益与工资环比增长存在的矛盾，以及工资刚性增长与经济效益周期性波动之间的矛盾，有利于企业在完成年度经营目标基础上实现工资正常增长。

但是，从政府机构将合理、公平、适度的工资水平作为主要调控目标的角度加以分析，这种工资总额预算调控机制至少存在以下缺陷。首先，这种调控办法的重点调控对象仍然是工资总额及其增长幅度，而不是工资水平，其调控目标仍然没有集中到将企业工资水平逐步调整并控制在一个相对合理的程度上。其次，这种调控办法在兼顾工资水平调控的时候，只是想通过分行业制定的工资增长调控线，指导理顺企业工资水平与同行业国有企业工资水平的关系，而不是指导理顺企业工资水平与同行业其他类型企业的工资水平关系。这种做法明显与社会整体工资调控相脱节，不能解决我国目前存在的不同行业、企业和社会群体工资差距过大的问题。由于国有企业在有些行业中处于相对垄断地位，可比照的同行业企业相对较少，同行业国有企业更少，根据这样的参照系调控企业工资水平，近似于进行自我比较，所以还是难以实现合理的调控目标，取得应有的调控效果。再次，对处于相对垄断地位的国有企业引入人工成本管理方式进行工资总额和工资水平的调控，不但难以提供抑制其工资水平过高和工资增长过快的依据，还可能提供一种继续维持和

---

① 相对人工成本水平是将企业劳动生产率水平与其人工成本水平放在一起与同类型企业进行相互比较的人工成本水平。

加大工资关系不合理的依据，甚至客观上为进一步扩大行业企业不合理工资差距提供有利条件，并通过经济效益与工资总额联动增长机制所形成的工资总额预算方案将这种可能变为现实，从而难以避免工资调控中出现的偏差。最后，这种调控中所依据的企业年度经营预算主要目标，其最终完成的结果不但要通过联动机制与企业工资总额及其增长挂钩，而且要与企业负责人绩效年薪的核定与兑现挂钩。虽然这些经营目标是企业的战略发展目标，也会经过必要的测算，但是以实现这些目标作为相应增加企业工资总额和负责人年薪的依据，并不能准确衡量企业负责人和企业员工的真实业绩或贡献程度。实践证明，要相对客观公正地衡量企业经营上的真实业绩和贡献程度，不能只进行纵向的自我比较，而应当建立合理的参照系或对标体系，通过运用目标明确的横向动态比较机制，对企业的业绩和贡献进行科学合理的考核评价。

（五）问题产生的主要原因

1. 对国有企业工资调控的特殊性缺少深刻认识

长期以来，国内各界人士对有关国有企业工资分配的公平和效率、市场竞争和垄断优势、企业法人治理和政府监管调控、承担社会责任和追求经济效益等方面的相互关系一直缺少深刻认识。因此，政府部门对如何能够妥善处理国有企业工资水平与其他类型企业及整体社会工资水平的关系等问题同样缺少深刻认识和必要的共识，只能在原有政策基础上做一些局部性的调整和修补，始终没有确定明确改革的目标，采取全面深化改革的措施，以形成较大突破。

2. 国有企业改革不到位

改革开放后，国有企业改革一直沿着扩大企业经营权、改制分流、建立现代企业制度和实行混合所有制企业改造的脉络艰难前行。

国家希望通过这种方式，争取使绝大多数国有企业成为独立经营、追求效率、科学决策、公平竞争的市场主体。但是至今，国有控股和国有独资企业的产权结构仍不合理，法人治理结构仍不健全，市场相对垄断地位仍未破除，内部人控制及追求薪酬福利最大化的现象依然存在。在这样的环境与条件下，政府还要对这些企业的工资分配实施严格的监督调控。但是，面对数量庞大、产业众多、规模不同、经营环境和效益状况差别较大、企业自身努力及贡献程度不易区分等具体情况，政府很难确定约束与激励并重的工资调控的明确目标和有效方法。

3. 国有企业监管调控体制改革不到位

目前国有企业还是由政府部门进行分割式监管，实际上割裂了对国有企业工资调控的体制机制，各个部门立场观点不同、政策目标不同、监管调控机制不同，监管调控的宽严程度和实际效果也有所不同。实践证明，在国有企业改革的攻坚阶段，如果没有较好的顶层设计，缺少政府部门的协作配合，无论是对于国有企业的工资分配监管调控机制，还是对于其他业务领域的监督调控机制，都很难顺利建立起来并严格贯彻下去。

五 改进完善工资调控机制的建议

（一）加紧完善最低工资标准制定和调整机制

第一，要明确最低工资保障目标。根据我国经济社会发展程度、城镇居民维持生活收支情况，以及对人力资源素质及其相应成本支出等方面的客观需要，目前各地区制定颁布的最低工资标准起码应当能够保障就业者本人及其家庭赡养人口的生活水平达到当地城镇居民10%最低收入户的平均生活消费支出水平。决不能让就业者在向用人单位提供了正常劳动之后，按最低工资标准所能领取到的劳动报酬仍然不够维持城镇居民最低一档的生活支出标准，仍然要让其家庭维持收不抵支的贫困生活状态，仍然需要去寻求其他收入来源或社会救助以弥补生活支出缺口。

第二，在制定"最低工资条例"或修订《最低工资规定》过程中，要依据最低工资标准保障目标调整相关制度安排，优化最低工资标准确定和调整机制。一是根据最低工资标准保障目标，要求各地区主要使用比重法作为确定和调整最低工资标准的基本方法，将本地区上年度城镇居民10%最低收入户的生活消费支出水平，作为确定和调整最低工资标准最重要的出发点和进行测算分析的首要因素，然后再依据本地区当期经济发展目标、劳动力市场就业状况、城镇居民消费价格指数、社会保险和住房公积金个人支出标准四个调节因素综合确定附加调节系数，经过必要的评估、测算、研讨和审议程序，形成最低工资标准调整方案。

第三，统一规定城镇居民家庭就业者平均赡养系数。要改变目前按照城镇居民家庭平均赡养系数测算最低工资标准的不合理方式，应按照城镇最低收入户家庭的平均赡养系数进行测算。但考虑到我国各地区现实行的是并不区别就业人员类别的单一式最低工资标准，而不是按照就业人员类别进行适当区分的差异化最低工资标准，如果按照上述赡养系数测算，则测算结果有可能出现对新就业者而言保障水平偏高的状况。因此，目前可以将测算最低工资标准时所加入的就业者赡养系数暂时统一规定为1.5，即国家通过颁布实施最低工资标准保障包括就业者在内的城镇居民1.5人的最低生活支出标准。这样做还有两点好处：一是各地区都使用这个相同的参数可增加测算的规范性和透明度，二是可以避开现有统计中对赡养系数计算不实而重新核实又比较困难的问题（其中没有合理剔除有其他稳定收入来源的非就业人员）。

第四，为适应经济新常态下经济增长减速和结构调整加快等新形势变化，可保留原有的最低工资标准每两年至少调整一次的规定，但有必要在最低工资调整机制中加入在城镇居民消费价格指数在最低工资标准前次调整后连续一段时间（如6个月）的平均值超过一定幅度（如7%）时立即启动最低工资标准调整机制的规定。

第五，可规定今后各地区在向中央政府报送本地区最低工资标准调整方案中必须同时签署政府、工会、企业联合会/企业家协会和工商联四方意见。

第六，在统一规定了各地区最低工资保障目标后，政府没有必要在国家中长期和年度规划中统一规定最低工资标准调整目标。国务院主管部门在按法规规定对各地区最低工资标准调整方案进行审核的过程中，可以着重对各地区最低工资标准报送方案的制定程序、方式方法及确定标准的合理性和适度性进行评估；可以根据宏观经济社会发展形势和工资调控政策，对各地区进行政策指导，对调整标准和方案修改提出建议。

（二）改进政府工资指导机制

第一，政府部门可以将现行制定发布年度工资指导线改为制定发布年度综合性工资增长调控指导政策。一方面集中精力制定好工资增长综合调控目标（即原工资增长基准线），不再制定发布工资增长线上线和下线；另一方面结合本地区经济社会发展趋势，围绕工资增长综合调控目标，制定发布有利于与实现工资增长调控目标相配套的工资增长调控政策措施及相关建议，供市场主体在工资决定过程中作参考。

第二，政府部门应改进与工资分配政策指导相配套的信息引导机制。要加快覆盖城乡、合理分类的工资分配信息调查统计指标体系建设。这些工资指标要反映出企业、政府机关、事业单位和社会组织的工资水平和工资关系，还要反映出不同行业和不同规模企业的工资水平及人工成本水平，同时还要包括与企业工资分配紧密相关的职业薪酬、工作时间及重要经营指标（如销售收入或营业收入、增加值或纯收入、成本总额和利润总额、劳动生产率水平）。

第三，政府部门有必要在工资分配信息引导方面加强与社会专业机构的分工协作。一是适当选用一部分企业薪酬兼职调查员；二是可以委托专业机构对部分信息数据进行加工处理；三是鼓励和支持行业与地区性社会组织开展多层次的工资预测和信息发布工作，与政府相关职能互为补充；四是组织相关部门、社会组织专业人员对政府发布信息数据进行会审，逐步提高信息数据的质量和效用。

第四，政府部门可以为企业开辟工资分配信息的窗口指导业务，通过各地区的人力资源和社会保障公共服务平台，利用政府掌握的政策资源和信息资源，接受并答复各类企业的相关政策咨询和信息咨询。在目前力量有限的情况下，可以先从向小微企业提供咨询服务开始，然后逐步扩大政策和信息个性化指导服务的范围。

（三）改进政府对国有企业的工资监管调控机制

第一，政府要在整合国有企业及其工资分配监管体制的基础上，统一规范各类国有企业工资分配和企业负责人薪酬分配的监管制度和调控机制，彻底打破长期以来政府部门分头监管调控、各行其是的格局。

第二，对应纳入政府部门监管调控范围的国有企业不再使用现行工资总额与经济效益挂钩、绩效工资核定和工资总额预算等调控机制，应当建立一套以合理调控工资水平为目标、兼顾社会公平与企业效率的国有企业工资水平增长调控机制。一是由调节工资总额增量转为调节工资水平增量，将国有企业年度工资水平增长率作为工资调控的核心目标，在企业目前工资水平基础上调整确定工资水平调控基数，做好新老调控机制的平稳衔接；二是借鉴发达经济体的成熟经验做法，将国内同行业私营企业年度工资水平增长率作为确定国有企业年度工资水平增长率的参照系或基本依据，先行实现国有企业工资增长与私营企业工资增长的相互关联；三是测算国有企业年度经营业绩与国内同行业私营企业经营业绩的比值，合理评估国有企业较为真实的经营业绩提高程度，以此作为工资增长调节系数 α_1，从而在私营企业年度工资增长率基础上进一步调增或调减国有企业年度工资水平增长率；四是可将国有企业年度工资增长率的调控底线设置为本地区城镇 CPI 指数，对于营业额保持稳定的企业允许其保持实际工资水平不降低。

第三，为将国有企业工资水平逐步调整到与其他企业相对合理的程度，有必要按照分类调控方式，在调控机制中再加入调控系数 α_2，有效控制对不同类型国有企业工资水平增长的调控力度。目前可以按照调控对象工资水平相当于同行业私营企业工资水平的倍数进行初步分类，然后在每个类别中按照调控对象工资水平前三年年平均递增速度与私营企业同期工资水平增长速度的比照关系再划分出两个档次，分别确定不同的调控系数，作为分类调控国有企业工资水平增长的补充依据（见表 7 - 3）。

表 7 - 3　国有企业工资水平分类调控系数

企业类别	同类档次	国有企业平均工资倍数	国有企业前三年就业人员平均工资年平均递增速度	调控系数
一类（一级管控）	A	≥2.0	≥城镇私营单位前三年就业人员平均工资年平均递增速度	0.7
	B		<城镇私营单位前三年就业人员平均工资年平均递增速度	0.8

续表

企业类别	同类档次	国有企业平均工资倍数	国有企业前三年就业人员平均工资年平均递增速度	调控系数
二类 （二级管控）	A	≥1.5 且 <2.0	≥城镇私营单位前三年就业人员平均工资年平均递增速度	0.8
	B		<城镇私营单位前三年就业人员平均工资年平均递增速度	0.9
三类 （三级管控）	A	<1.5	≥城镇私营单位前三年就业人员平均工资年平均递增速度	0.9
	B		<城镇私营单位前三年就业人员平均工资年平均递增速度	1.0

注：国有企业平均工资倍数＝国有企业就业人员平均工资/同行业城镇私营单位就业人员平均工资。

第四，为做好国有企业工资水平调控工作，应与政府相关机构密切配合，先抓紧完善对国内私营企业工资水平及关键经营指标的统计体系，尽快提高统计数据的质量。

根据以上内容，政府对国有企业工资水平调控机制模型可概括如下：

$$GW_\Delta = SW_\Delta \times (k_1\alpha_1 + k_2\alpha_2)$$

$$[k_1 \in (0,\ 100\%),\ k_2 \in (0,\ 100\%),\ k_1 + k_2 = 100\%]$$

其中：

GW_Δ 表示国有企业年度工资水平增长率；

SW_Δ 表示与国有企业同行业私营企业年度工资水平增长率；

α_1 表示国有企业年度劳动生产率或综合效益水平调控系数；

k_1 表示 α_1 的权重系数；

α_2 表示国有企业工资水平分类调控系数；

k_2 表示 α_2 的权重系数。

国有企业年度劳动生产率或综合效益水平调控系数 α_1 的确定方式如下：

$$\alpha_1 = \frac{GP_\Delta}{SP_\Delta}$$

其中：

GP_Δ 为国有企业年度劳动生产率（或综合效益水平）提高幅度；

SP_Δ 为与国有企业同行业的私营企业同口径年度劳动生产率（或综合效益水平）提高幅度。

国有企业工资水平分类调控系数 α_2 则参照表 7 – 3，依据各企业具体情况分类确定。

第八章　人工成本变动分析与战略抉择

改革开放以来，我国社会主义市场经济体系逐步形成，国内企业的国际市场竞争力日益增强，国民经济总体保持了国际罕见的持续快速增长态势，经济总量跃居世界第二位，人均 GDP 跻身中上等收入国家行列。我国经济发展之所以取得这些成就，除了坚持改革开放的发展道路，充分调动各方面的积极因素，激发经济发展的活力外，与长期以来稳定保持人工成本相对水平①较低的优势也有很大关系。改革开放伊始，我国人均资源相对贫乏，发展资金极为短缺，经济技术比较落后，生产效率水平低下，正是实施了低成本竞争策略，凭借人工成本水平相对较低的竞争优势，才相应弥补了生产率水平较低的竞争弱势，不仅大量吸纳了国际资本，广泛利用了国际国内资源，引进了先进技术和装备，逐步扩大了国际市场占有率，同时也逐步积累了国内资本，较快提高了劳动者和居民收入水平，让投资、消费和进出口这"三驾马车"高速转动起来，实现了国民经济的持续快速发展。

伴随国民经济的快速发展，职工工资水平得到了大幅提升，也带动了企业人工成本整体水平的快速提升，各类行业企业人工成本的绝对水平都有不同程度提升，但人工成本相对水平变动情况各不相同。从总体上看，我国人工成本相对水平有一个逐步上升的过程，

---

① 人工成本相对水平是指人均人工成本与劳动生产率的比值，通常以劳动分配率和人事费用率指标表示。

与发达国家相比，仍然保持着人工成本相对水平较低的优势；但在发展中国家内部，我国原有的人工成本相对水平优势却在逐步消失。随着我国经济发展速度放缓，更多的矛盾和问题逐渐暴露，在多种因素作用下，很多企业逐渐感受到更趋沉重的人工成本及总成本压力。着眼未来，我国面临的经济发展形势更为复杂多变，各类行业企业在国际国内市场上的竞争也更加激烈。我们正面对新的挑战，需要做出新的抉择，探索新的发展途径。

一　依据全国经济普查结果分析

从 2004 年开始，每 4 年一次的全国经济普查可以让我们了解到我国各行业企业最全面、最权威的生产经营状况。尽管在发布的普查结果中与人工成本分析相关的数据很有限，但通过整理这些数据，仍然可以使我们进一步了解和分析各行业企业人工成本的变动状况。但遗憾的是，最新公布的 2012 年第三次全国经济普查结果已不再提供与人工成本分析指标相关的重要基础数据，使我们无法进一步延伸评估分析的时间和空间。这里仅以 2004~2008 年这个时间段为例，对我国各行业企业人工成本的基本状况进行评估分析。

（一）不同所有制工业企业人工成本主要指标变动情况

2004 年，在我国各类企业中，国有企业人均人工成本水平最高，集体企业最低，前者是后者的 2.1 倍。2008 年，国有企业人均人工成本水平仍然最高，私营企业最低，前者是后者的 2.09 倍，企业之间的人工成本水平差距基本保持不变。这说明，在当时不同所有制企业当中，不仅国有企业的人均工资水平最高，而且其人均人工成本水平同样处于最高的位置（见表 8 - 1）。

表 8 - 1 2004 年、2008 年不同所有制工业企业人工成本主要指标

所有制类型	人均人工成本（元）		人事费用率（%）		人工成本利润率（%）	
	2004 年	2008 年	2004 年	2008 年	2004 年	2008 年
国有企业	19780	39695	7.51	6.36	48.22	83.54
集体企业	9399	20109	6.59	7.01	75.83	111.49
私营企业	9460	19016	6.14	6.08	82.00	121.91
港、澳、台商投资企业	13855	28995	5.90	7.31	79.77	85.73
外商投资企业	18241	37078	4.07	5.42	141.96	104.46

注：本表中的工业企业为纳入经济普查的全部工业企业；本表中的人工成本为职工工资总额和部分保险福利费用。

资料来源：根据《中国经济普查年鉴2004》和《中国经济普查年鉴2008》中的数据进行计算。

从表 8 - 1 可以看出，2004 年，国有企业的人事费用率最高，外商投资企业最低。2008 年，港、澳、台商投资企业的人事费用率最高，取代了原国有企业，外商投资企业仍然保持最低。2004～2008 年，国有企业和私营企业的人事费用率都有所降低，其他类型企业均有所上升。2004 年，外商投资企业人工成本利润率高达 141.96%，远远高于其他企业；而国有企业的人工成本利润率却是最低的，只有 48.22%，各类企业高低水平差距很大。2008 年，私营企业的人工成本利润率变为各类企业中最高的，由 2004 年的 82.00% 逐步上升到 2008 年的 121.91%，国有企业虽然依旧是最低的，但也从 2004 年的 48.22% 快速上升到 2008 年的 83.54%，接近翻番。2004～2008 年，除外商投资企业外，其他类型企业的人工成本利润率水平均明显上升，各类企业的人工成本利润率水平相互之间已经呈现差距明显缩小的趋势。这种情况说明当时各类企业人工成本投入产出状况都表现良好。

根据表 8 - 1 及表 8 - 2 分析，国有企业和私营企业人事费用率的下降与人工成本利润率的大幅上升，及劳动生产率增长速度高于人均人工成本增长速度有很大关系。2004～2008 年，各类企业的人均人工成本水平的增长速度都比较快，均在 20% 左右，但与劳动生产率增长速度比较，其间只有国有企业和私营企业劳动生产率的速度增长快于人均人工成本水平的增长速度，集体企业，港、澳、台商投资企业和外商投资企业的劳动生产率增长速度都慢于人均人工成本水平增长速度（见表8-2）。但是这些企业（除外商投资企业外）的人工成本利润率水平不但没有降低，反而呈现不同程度的上升状态，这只能说明这些企业在总产值增长相对较慢的情况下，能够较好地控制并压缩除人均人工成本以外的其他成本费用，使企业在人均人工成本快速增长的同时仍保持了盈利水平的上升状态。这说明，各类企业在保持人均人工成本水平高速增长的同时，仍然能够通过提升企业的增加值使实际上的劳动生产率高于人均人工成本水平的提升速度，从而得到了较理想的利润水平。

表8-2　不同所有制工业企业人均人工成本与劳动生产率增速比较

单位：%

所有制类型	人均人工成本年递增速度	劳动生产率年递增速度
国有企业	19.02	24.05
集体企业	20.94	19.09
私营企业	19.07	19.33
港、澳、台商投资企业	20.28	13.98
外商投资企业	19.40	11.13

注：本表中的工业企业为纳入全国经济普查的全部工业企业；本表中的劳动生产率按人均工业总产值计算，工业总产值为当年价格。

资料来源：根据《中国经济普查年鉴2004》和《中国经济普查年鉴2008》中的数据进行计算。

（二）全部工业企业分行业人工成本主要指标变动情况

工业或制造业是反映一个国家人工成本水平最具代表性的行业。我国工业企业门类齐全、行业众多，不同行业工业企业的人均人工成本水平和人工成本其他指标数据的差异很大。人工成本各项指标越是在细分行业中进行比较，越能够清晰反映各类行业企业人工成本变动的真实情况，对各类企业也越有更大的参照比较价值（见表8-3）。

表8-3　2004年、2008年全部工业企业分行业人工成本主要指标

行　业	人均人工成本（元）		人事费用率（%）		人工成本利润率（%）	
	2004年	2008年	2004年	2008年	2004年	2008年
采矿业	15983	25868	11.17	2.86	190.44	118.04
煤炭开采和洗选业	15141	35425	17.27	13.09	61.69	131.17
石油和天然气开采业	32194	51216	6.83	5.54	561.57	787.35
黑色金属矿采选业	12384	23300	7.83	5.22	186.56	370.02
有色金属矿采选业	12483	23143	7.45	5.95	181.64	267.17
非金属矿采选业	9642	18183	9.45	8.47	88.99	140.02
其他采矿业	9189	14388	6.55	8.18	83.82	146.10
制造业	12687	25219	5.29	5.64	89.87	99.06
农副食品加工业	9326	19999	2.89	3.55	121.25	186.62
食品制造业	11644	22447	5.66	5.81	81.78	131.18
饮料制造业	11675	23389	5.21	5.67	118.86	169.91
烟草制品业	53063	83387	4.13	3.71	307.53	417.39
纺织业	9991	20449	6.54	7.20	39.84	69.04
纺织服装、鞋、帽制造业	10851	20795	11.20	12.30	32.97	46.74
皮革、毛皮、羽毛（绒）及其制品业	10521	20726	9.27	10.92	40.54	57.90
木材加工及木竹藤棕草制品业	8450	17105	6.65	6.84	69.15	112.95
家具制造业	10785	21297	7.79	9.24	61.62	63.56
造纸及纸制品业	10619	21207	5.37	5.39	81.17	112.08
印刷业和记录媒介的复制	12451	21276	9.07	9.26	72.45	81.14
文教体育用品制造业	10779	20114	11.21	12.30	28.65	32.10
石油加工、炼焦及核燃料加工业	20513	37117	1.76	1.53	211.98	-315.88

行　业	人均人工成本（元）		人事费用率（%）		人工成本利润率（%）	
	2004 年	2008 年	2004 年	2008 年	2004 年	2008 年
化学原料及化学制品制造业	13718	28521	4. 35	4. 53	150. 05	142. 33
医药制造业	15697	30727	6. 18	6. 47	118. 44	162. 92
化学纤维制造业	14075	25692	3. 05	3. 15	72. 39	65. 10
橡胶制品业	11417	22559	6. 09	6. 34	67. 61	78. 62
塑料制品业	11169	21925	6. 20	7. 45	70. 90	78. 00
非金属矿物制品业	9151	18310	7. 72	6. 85	75. 99	117. 27
黑色金属冶炼及压延加工业	20819	39049	3. 72	2. 90	175. 07	159. 89
有色金属冶炼及压延加工业	15022	30877	3. 54	3. 06	135. 66	171. 12
金属制品业	11612	23139	6. 39	6. 83	69. 76	87. 34
通用设备制造业	12948	24648	6. 66	6. 49	78. 51	107. 32
专用设备制造业	14022	26887	7. 45	7. 29	58. 96	96. 78
交通运输设备制造业	16799	31647	5. 00	5. 36	92. 00	117. 96
电气机械及器材制造业	13693	28015	5. 07	5. 74	82. 20	109. 33
通信设备、计算机及其他电子设备制造业	18526	38278	3. 57	6. 46	100. 53	58. 31
仪器仪表及文化、办公用机械制造业	15112	28654	7. 15	8. 18	59. 76	76. 27
工艺品及其他制造业	10542	19650	9. 91	9. 05	45. 52	68. 61
废弃资源和废旧材料回收加工业	11005	22287	3. 66	4. 19	89. 30	156. 21
电力、燃气及水的生产和供应业	25632	44357	5. 71	5. 25	79. 65	41. 28
电力、热力的生产和供应业	28161	48839	5. 27	4. 85	92. 99	38. 97
燃气生产和供应业	19002	39666	7. 65	5. 62	- 2. 21	137. 32
水的生产和供应业	15581	25835	15. 43	15. 24	- 5. 01	11. 76

注：本表中的工业企业为纳入全国经济普查的全部工业企业。

资料来源：根据《中国经济普查年鉴 2004》和《中国经济普查年鉴 2008》中的数据进行计算。

我国工业企业分采矿业、制造业与电力、燃气及水的生产和供应业三大行业。根据表 8 - 3，以人均人工成本为例，2004 年电力、燃气及水的生产和供应业在三大行业中最高，制造业最低，2008 年仍旧保持这种状态。2004 ~ 2008 年，三大行业的人均人工成本都是大幅上升的，其中采矿业 4 年总计上升了 61.85%，制造业上升了 98.78%，电力、燃气及水的生产和供应业上升了 73.05%，显然制造业的人均人工成本水平上升幅度最大。

2004 ~ 2008 年，采矿业的人事费用率不可思议地出现了急剧下降，其细分行业中的煤炭、石油天然气、黑色金属、有色金属、非金属这类主体产业的人事费用率虽然也出现了不同程度的降低，但降低幅度都明显小于总体降低幅度，其他采矿业甚至还有所上升。从理论上分析，采矿业人事费用率的大幅下降有利于人工成本利润率的大幅上升，但同期采矿业的人工成本利润率却出现了总体较大程度的下降，而其细分行业的人工成本利润率却出现了不同程度的上升，这有可能是行业汇总数据出现了差错。

同期，制造业人事费用率总体上略有上升。从其内部细分行业看，绝大多数行业企业的人事费用率都略有上升，只有烟草等个别行业企业略有降低。在制造业人事费用率略有上升的同时，其人工成本利润率也略有上升。这说明，尽管制造业人均人工成本水平在工业内部三大行业中上升幅度最大，但其不仅全部得到了消化，还相应增加了利润产出，从而使人工成本投入产出的总体状况稳中趋好。从其内部细分行业看，制造业内部绝大多数行业企业人工成本利润率都有不同程度的上升，只有极个别企业降低，其中石油加工、炼焦及核燃料加工业降幅最大，且由正值变为负值。

同期，电力、燃气及水的生产和供应业的人事费用率略有降低。从其内部细分行业看，各行业企业的人事费用率也都略有降低。在人事费用率降低的同时，电力、燃气及水的生产和供应业的人工成本利润率却大幅降低。这说明在其人工成本增长较快的同时，全行业的人工成本投入产出总体状况不佳。但从其内部细分行业来看，只有电力、热力的生产和供应业的人工成本利润率出现了大幅降低，燃气生产和供应业与水的生产和供应业的人工成本利润率却大幅上升，且由负值变为正值。

由于《中国经济普查年鉴》未提供工业增加值数据，故无法用此数据计算劳动生产率，我们只能改用工业总产值计算。从表 8－4 可以看出，2004～2008 年，采矿业的劳动生产率年递增速度很快，远远超过其人均人工成本上升速度，其绝大多数内部细分行业也是如此，但由于其行业利润增长速度没有超过人均人工成本上升速度，所以其工资利润率反而有所降低。这说明企业人均人工成本增长低于劳动生产率增长并不必然带来人工成本利润率的上升，而只是为其创造了一个较好条件，是否变为现实还要看企业经营状况的整体好坏。同期，制造业的劳动生产率上升速度略低于其人均人工成本上升速度，其多数细分行业也是这种状况，但由于制造业的利润增长速度明显超过人均人工成本增长速度，反而使其人工成本利润率有所上升。同期，电力、燃气及水的生产和供应业的劳动生产率上升速度也超过了其人均人工成本上升速度，其内部细分行业也全都如此，但由于其利润增长速度赶不上人均人工成本上升速度，所以工资利润率反而有所降低。

表 8－4　全部工业企业分行业人均人工成本与劳动生产率增速比较

单位：%

行　业	人均人工成本年递增速度	劳动生产率年递增速度
采矿业	12.79	58.62
煤炭开采和洗选业	23.68	32.55
石油和天然气开采业	12.31	18.34
黑色金属矿采选业	17.12	29.60

行　业	人均人工成本年递增速度	劳动生产率年递增速度
有色金属矿采选业	16.69	23.42
非金属矿采选业	17.19	20.45
其他采矿业	11.86	5.83
制造业	18.74	16.80
农副食品加工业	21.01	15.02
食品制造业	17.83	17.07
饮料制造业	18.97	16.47
烟草制品业	11.96	14.97
纺织业	19.61	16.77
纺织服装、鞋、帽制造业	17.66	14.93
皮革、毛皮、羽毛（绒）及其制品业	18.47	13.70
木材加工及木竹藤棕草制品业	19.28	18.41
家具制造业	18.54	13.58
造纸及纸制品业	18.88	18.77
印刷业和记录媒介的复制	14.33	13.73
文教体育用品制造业	16.88	14.20
石油加工、炼焦及核燃料加工业	15.98	20.03
化学原料及化学制品制造业	20.08	18.84
医药制造业	18.28	16.92
化学纤维制造业	16.23	15.30
橡胶制品业	18.56	17.37
塑料制品业	18.37	13.04
非金属矿物制品业	18.94	22.56
黑色金属冶炼及压延加工业	17.03	24.53
有色金属冶炼及压延加工业	19.74	24.23
金属制品业	18.81	16.86
通用设备制造业	17.46	18.19

行　业	人均人工成本 年递增速度	劳动生产率 年递增速度
专用设备制造业	17.68	18.35
交通运输设备制造业	17.16	15.13
电气机械及器材制造业	19.60	15.93
通信设备、计算机及其他电子设备制造业	19.89	3.37
仪器仪表及文化、办公用机械制造业	17.35	13.45
工艺品及其他制造业	16.85	19.53
废弃资源和废旧材料回收加工业	19.29	15.31
电力、燃气及水的生产和供应业	14.69	17.13
电力、热力的生产和供应业	14.76	17.12
燃气生产和供应业	20.20	29.85
水的生产和供应业	13.48	13.82

注：本表中的工业企业为纳入全国经济普查的全部工业企业；本表中的劳动生产率按人均工业总产值计算，工业总产值为当年价格。

资料来源：根据《中国经济普查年鉴 2004》和《中国经济普查年鉴 2008》中的数据进行计算。

（三）规模以下工业企业分行业人工成本主要指标变动情况

我国规模以下工业企业均为每年主营业务收入在 500 万元以下的中小型企业。根据国内外企业的普遍情况，在同一行业内，中小企业的工资和人工成本水平较低，生产经营条件较差，利润较少，对人工成本增加的承受能力相对不足。

与全部工业企业相比，规模以下工业企业的人均人工成本水平大大低于全行业平均值。根据表 8-3 和表 8-5，以工业内部三大行业为例，2004 年采矿业，制造业，电力、燃气及水的生产和供应业的人均人工成本分别是全行业平均值的 60.21%、66.43% 和 39.53%，2008 年这一比例进一步降低，其人均人工成本水平进一步下降到全行业平均值的 50.94%、52.51% 和 31.11%。2004~2008 年，规模以下采矿业的人事费用率有所降低，与全行业的变动情况相同，但与全行业变动情况不同的是，其人工成本利润率不是下降而是明显上升，其中的主要原因在于，全行业的人均人工成本增长速度是 12.79%，但规模以下企业的人均人工成本增长速度只有 8.17%（见表 8 - 6），企业的人工成本水平增长速度慢于利润水平的增长速度，自然导致人工成本利润率上升。同期，规模以下制造业企业的人事费用率略有上升，人工成本利润率也有所上升，这两项指标数据的变动情况都与全行业相同。同期，规模以下电力、燃气及水的生产和供应业的人事费用率和人工成本利润率都有所下降，与全行业整体变动情况也完全一致。

表 8 - 5　2004 年、2008 年规模以下工业企业分行业人工成本主要指标

行　业	人均人工成本（元）		人事费用率（%）		人工成本利润率（%）	
	2004 年	2008 年	2004 年	2008 年	2004 年	2008 年
采矿业	9623	13176	13.65	10.51	97.26	134.34
煤炭开采和洗选业	10520	13978	18.92	11.32	83.89	126.50
石油和天然气开采业	25271	13888	17.90	11.99	19.88	116.19
黑色金属矿采选业	8616	12333	7.82	8.33	154.85	181.48
有色金属矿采选业	8094	12161	11.08	12.39	112.10	86.14
非金属矿采选业	8316	13102	10.37	10.49	110.21	135.35
其他采矿业	7719	12532	9.59	9.27	95.45	161.06
制造业	8428	13242	10.89	11.53	50.21	73.84
农副食品加工业	7453	11740	6.20	8.20	125.04	137.71
食品制造业	7872	11940	9.89	10.27	57.58	98.12
饮料制造业	7567	11818	9.76	10.80	72.58	105.29
烟草制品业	7647	15456	21.85	11.84	26.92	170.41
纺织业	8550	13475	11.55	11.51	35.23	61.07
纺织服装、鞋、帽制造业	8686	13564	19.35	17.52	16.74	37.99
皮革、毛皮、羽毛（绒）及其制品业	8344	14110	14.73	15.86	35.89	52.47

行　业	人均人工成本（元）		人事费用率（%）		人工成本利润率（%）	
	2004 年	2008 年	2004 年	2008 年	2004 年	2008 年
木材加工及木竹藤棕草制品业	7249	11394	9.49	10.10	81.75	106.38
家具制造业	8553	13639	10.81	11.96	63.36	79.51
造纸及纸制品业	8145	13292	9.58	10.76	57.83	75.58
印刷业和记录媒介的复制	9054	13952	10.55	11.43	53.93	70.38
文教体育用品制造业	8301	13464	16.10	15.90	20.49	39.40
石油加工、炼焦及核燃料加工业	8912	12967	5.50	6.84	106.16	109.05
化学原料及化学制品制造业	8267	12444	9.11	10.49	56.83	82.52
医药制造业	9464	13651	13.75	13.18	-51.26	26.26
化学纤维制造业	8919	13835	8.81	8.62	22.31	69.69
橡胶制品业	8463	13653	10.47	11.76	49.21	65.75
塑料制品业	8560	14159	9.37	11.15	61.09	67.66
非金属矿物制品业	7153	11423	12.19	11.75	74.00	100.64
黑色金属冶炼及压延加工业	8810	12982	7.82	6.86	75.40	107.17
有色金属冶炼及压延加工业	8800	13474	6.81	8.49	43.55	72.54
金属制品业	9031	14216	10.31	11.09	45.87	71.28
通用设备制造业	9231	14021	9.74	10.42	54.11	75.87
专用设备制造业	9746	14793	11.53	11.95	36.40	59.22
交通运输设备制造业	9335	14483	11.49	12.26	41.80	63.91
电气机械及器材制造业	9241	14176	11.12	11.80	25.91	54.81
通信设备、计算机及其他电子设备制造业	10476	15896	17.79	16.99	-18.56	19.56

行　业	人均人工成本（元）		人事费用率（%）		人工成本利润率（%）	
	2004 年	2008 年	2004 年	2008 年	2004 年	2008 年
仪器仪表及文化、办公用机械制造业	10480	15480	14. 39	15. 36	9. 35	31. 40
工艺品及其他制造业	8223	13091	13. 00	12. 85	49. 26	67. 21
废弃资源和废旧材料回收加工业	8865	13429	7. 17	8. 03	85. 51	120. 59
电力、燃气及水的生产和供应业	10133	13798	13. 21	11. 40	114. 29	98. 57
电力、热力的生产和供应业	10161	14124	12. 90	11. 09	165. 78	105. 53
燃气生产和供应业	10196	14215	10. 84	7. 67	14. 42	187. 61
水的生产和供应业	10071	13131	14. 53	13. 42	23. 03	67. 53

注：规模以下工业企业是指年主营业务收入在 500 万元以下的工业企业；因数据所限，本表中的人工成本只包括职工工资总额及部分保险福利费用。

资料来源：根据《中国经济普查年鉴 2004》和《中国经济普查年鉴 2008》中的数据进行计算。

规模以下各行业企业的人事费用率都明显高于全行业平均值，但人工成本利润率却并不一定低于全行业平均值。2008 年，规模以下采矿业和电力、燃气及水的生产和供应业这两个行业的人工成本利润率高于全行业平均值，采矿业可能是数据问题，但电力、燃气及水的生产和供应业及其全部细分行业却全部呈现这种状况，其原因可能是其与全行业人工成本水平的差距与其他行业相比是最大的，是其较大程度压低人工成本水平的结果。

表 8 - 6　全部工业企业与规模以下工业企业人均人工成本增长情况比较

单位：%

行　业	全部工业企业人均人工成本年递增速度	规模以下工业企业人均人工成本年递增速度
总　计	17. 70	11. 56
采矿业	12. 79	8. 17

行 业	全部工业企业人均人工成本年递增速度	规模以下工业企业人均人工成本年递增速度
煤炭开采和洗选业	23.68	7.36
石油和天然气开采业	12.31	−13.90
黑色金属矿采选业	17.12	9.38
有色金属矿采选业	16.69	10.71
非金属矿采选业	17.19	12.04
其他采矿业	11.86	12.88
制造业	18.74	11.96
农副食品加工业	21.01	12.03
食品制造业	17.83	10.98
饮料制造业	18.97	11.79
烟草制品业	11.96	19.23
纺织业	19.61	12.05
纺织服装、鞋、帽制造业	17.66	11.79
皮革、毛皮、羽毛（绒）及其制品业	18.47	14.03
木材加工及木竹藤棕草制品业	19.28	11.97
家具制造业	18.54	12.37
造纸及纸制品业	18.88	13.02
印刷业和记录媒介的复制	14.33	11.42
文教体育用品制造业	16.88	12.85
石油加工、炼焦及核燃料加工业	15.98	9.83
化学原料及化学制品制造业	20.08	10.77
医药制造业	18.28	9.59
化学纤维制造业	16.23	11.60
橡胶制品业	18.56	12.70
塑料制品业	18.37	13.41
非金属矿物制品业	18.94	12.42
黑色金属冶炼及压延加工业	17.03	10.18

行业	全部工业企业人均人工成本年递增速度	规模以下工业企业人均人工成本年递增速度
有色金属冶炼及压延加工业	19.74	11.24
金属制品业	18.81	12.01
通用设备制造业	17.46	11.02
专用设备制造业	17.68	11.00
交通运输设备制造业	17.16	11.61
电气机械及器材制造业	19.60	11.29
通信设备、计算机及其他电子设备制造业	19.89	10.99
仪器仪表及文化、办公用机械制造业	17.35	10.24
工艺品及其他制造业	16.85	12.33
废弃资源和废旧材料回收加工业	19.29	10.94
电力、燃气及水的生产和供应业	14.69	8.02
电力、热力的生产和供应业	14.76	8.58
燃气生产和供应业	20.20	8.66
水的生产和供应业	13.48	6.86

注：规模以下工业企业是指年主营业务收入在500万元以下的工业企业；因数据所限，本表中的人工成本只包括职工工资总额及部分保险福利费用。

资料来源：根据《中国经济普查年鉴2004》和《中国经济普查年鉴2008》中的数据进行计算。

从表8-6可以看出，2004~2008年，我国规模以下工业企业各行业的人均人工成本水平增长速度除极个别行业（其他采矿业、烟草制品业）外，全部低于行业平均值，这说明其工资和人工成本增长速度相对较慢。这种情况持续下去的结果是，中小企业的工资和人工成本水平会越来越低于同行业内规模较大的企业，从而进一步拉大同行业内部的工资和人工成本水平差距。

（四）工业以外其他行业人工成本基本状况

由于缺少可比较数据，所以我们只能根据第二次全国经济普查结果，从全国范围内观察我国工业以外其他行业的人工成本状况（见表8-7）。

表8-7　2008年工业以外其他部分行业人工成本主要指标

行　业	人均人工成本（元）	人事费用率（%）	人工成本利润率（%）
建筑业	24597	13.14	1.57
餐饮业	16988	15.53	273.60
住宿业	19856	19.59	293.10
批发业	26146	1.33	666.52
零售业	18726	3.51	389.80

注：因数据所限，本表中的人工成本只包括职工工资总额及部分保险福利费用。

资料来源：根据《中国经济普查年鉴2008》中的数据进行计算。

从表8-7可以看出，2008年，餐饮业、零售业和住宿业的人均人工成本水平较低，无论从国民经济大行业还是细分行业方面看，这三个行业都属于低工资或低人工成本行业。但是，这三个行业的人工成本利润率并不低，而且普遍高于工业企业及其绝大多数细分行业。这在一定程度上可以说明，低工资或低人工成本行业的职工工资收入水平低，并非都是利润微薄的原因，其实还有其他多种原因，如企业职工结构、劳动力市场供求关系、工会组建率、工资决定方式、企业经营理念、管理方式和法律法规执行程度等，都会影响职工工资收入水平及其增长。

二　依据部分省市调查统计结果分析

（一）2008~2014年部分省市人工成本变动情况

我国目前尚未建立覆盖全国各个地区的行业人工成本调查统计和数据发布制度，但很多省市自己已经进行了长期的行业人工成本调查统计和数据发布工作。尽管这些地区在统计调查范围、统计发布方式等方面存在一些区别，数据质量上也存在明显问题，但使用那些有代表性的地区统计发布的数据仍然可以观察我国人工成本水平及指标变动方面的总体状况和基本特征。

从表 8-8 可以看出，2008 年，这几个省市中上海市的人工成本水平最高，与其他省市不在一个档次，是当年人工成本水平最低的成都市的 1.64 倍。2014 年，上海市人工成本水平仍然是这几个省市中最高的，而且与其他省市的差距进一步扩大，是当年人工成本水平最低的青海省的 2.61 倍。这说明这期间地区之间的人工成本水平趋于扩大。在这 6 年间，上海市人工成本水平的年均递增速度最快，且东部地区的增长相对快于西部地区，但西部经济发展相对较快的成都市（同期地区生产总值的年均名义增速高达 17.1%）的人工成本水平增长也很快，从而改变了原来人工成本水平相对偏低的状况，与大连市、沈阳市站到了同一平台。但是，青海省人工成本水平的年均递增速度较慢，6 年间只提高不到 6000 元/（人·年），与其他地区的差距逐渐拉开。实际上，这期间青海省地区生产总值增长速度并不慢，工资增长速度也在 10% 以上，但人工成本增速显然与之不相匹配。

表 8-8　2008 年和 2014 年部分地区人工成本水平增长情况

城　市	人工成本水平〔元/（人·年）〕		人工成本年均递增速度（%）
	2008 年	2014 年	
上海	71525	152537	13.5
大连	49613	72033	6.4
沈阳	53168	75178	5.9
成都	43484	72853	9.0
青海	52572	58402	1.8

注：人工成本增长率为名义增长率，未剔除物价变动因素。
资料来源：根据各地区发布的年度人工成本数据整理。

（二）部分省市主要行业人工成本变动情况

与我国各地区和各行业职工工资水平存在较大差距的状况相同，各地区内部不同行业的人工成本水平，以及各地区相同行业的人工成本水平也都存在较大差距。在每个地区的不同行业之间，由于各个行业在资本有机构成、技术装备水平和职工综合素质结构等方面都存在较大差异，所以不同行业的工资水平和人工成本水平都会存在明显差异，在人事费用率、劳动分配率、人工成本利润率等人工成本主要分析指标方面也会存在明显差异。因此，对人工成本的绝对水平和相对水平比较有必要在同行业之间进行。不同行业的人工成本水平必然存在差距，也应当有差距，但这种差距也应当合理、适度。但是，由于部分行业的垄断程度相对较高，这就使得这种差距同工资差距一样存在不合理状况（见表8-9）。

表8-9　2008年、2014年4城市9大行业人工成本水平及增长情况

地　区	人工成本水平［元/（人·年）］		人工成本年均递增速度（%）
	2008年	2014年	
北京	—	—	—
制造业	58350	119788	12.7
电力、燃气和水的供应业	77207	158490	12.7
建筑业	46547	119929	17.1
交通运输、仓储和邮政业	55304	101955	10.7
信息传输、计算机服务和软件业	80964	189362	15.2
批发和零售业	44275	117563	17.7
住宿和餐饮业	37151	77611	13.1
金融业	70868	311893	28.0
房地产业	57613	110951	11.5
上海	71525	152537	13.5
制造业	69376	148499	13.5

地　区	人工成本水平〔元/（人·年）〕		人工成本年均递增速度（%）
	2008 年	2014 年	
电力、燃气和水的供应业	108995	248549	14.7
建筑业	70545	139532	12.0
交通运输、仓储和邮政业	63461	137008	13.7
信息传输、计算机服务和软件业	139203	241695	9.6
批发和零售业	52106	90842	9.7
住宿和餐饮业	37508	100418	17.8
金融业	197133	322453	8.5
房地产业	50395	70995	5.9
沈阳	53168	75178	5.9
制造业	50354	75307	6.9
电力、燃气和水的供应业	70734	118624	9.0
建筑业	55123	79397	6.3
交通运输、仓储和邮政业	42146	62204	6.7
信息传输、计算机服务和软件业	85560	98496	2.4
批发和零售业	44577	68681	7.5
住宿和餐饮业	21992	66218	20.2
金融业	96745	137520	6.0
房地产业	50891	86281	9.2
成都	43484	72853	9.0
制造业	36347	71305	11.9
电力、燃气和水的供应业	71084	66723	-1.0
建筑业	29797	61528	12.8
交通运输、仓储和邮政业	63883	80193	3.9
信息传输、计算机服务和软件业	75305	107637	6.1
批发和零售业	51539	70460	5.3
住宿和餐饮业	25455	65051	16.9
金融业	120549	203307	9.1

地　区	人工成本水平［元/（人·年）］		人工成本年均递增速度（%）
	2008 年	2014 年	
房地产业	20505	98561	29.9

注：人工成本增长率为名义增长率，未剔除物价变动因素。

资料来源：根据各地区发布的年度人工成本数据整理。

从表 8-9 可以看出，在北京市 9 个行业中，2008 年人工成本水平最高的是信息传输、计算机服务和软件业，最低的是住宿和餐饮业，前者是后者的 2.18 倍。2014 年人工成本水平最高的行业是金融业，最低的仍是住宿和餐饮业，前者是后者的 4.02 倍。在这 6 年间，人工成本水平的行业差距扩大了 1.84 倍。从人工成本增长率上看，金融业也是各行业中最高的，6 年间的年平均递增速度高达 28.0%。

在上海市 9 个行业中，2008 年人工成本水平最高的是金融业，最低的是住宿和餐饮业，前者是后者的 5.26 倍。2014 年人工成本水平最高的行业仍然是金融业，最低的行业则变为批发和零售业，前者是后者的 3.55 倍，6 年间行业人工成本水平差距共缩小了 1.71 倍。与北京市情况恰好相反的是，上海市金融业的人工成本水平在 2008 年就相对较高，相当于北京同行业的 2.78 倍，但这 6 年间的增长速度并不高，只有 8.5%，略高于房地产业，明显低于各行业平均水平。与北京市另一个不同的情况是，6 年间人工成本水平增速最快的是住宿和餐饮业这个低工资收入行业，因而缩小了行业间的人工成本水平差距。

在沈阳市 9 个行业中，2008 年人工成本水平最高的是金融业，最低的是住宿和餐饮业，前者是后者的 4.40 倍。2014 年人工成本水平最高的行业仍然是金融业，最低的变为交通运输、仓储和邮政业，前者是后者的 2.21 倍，6 年间行业人工成本水平差距共缩小了 2.19 倍。从人工成本水平增长速度上看，这期间增长最快的是住宿和餐饮业这个原人工成本水平最低的行业，年平均增速高达 20.2%；而金融业的人工成本增长速度并不高，只有 6.0%。

在成都市 9 个行业中，2008 年人工成本水平最高的是金融业，令人不可思议的是，人工成本水平最低的行业竟然是房地产业，前者是后者的 5.88 倍。2014 年人工成本水平最高的行业仍然是金融业，最低的行业变成了建筑业，前者是后者的 3.30 倍，6 年间行业人工成本水平差距共缩小了 2.58 倍。从人工成本水平增长速度上看，6 年间年平均增速最快的是房地产业这个原人工成本水平最低的行业，而人工成本水平最高的金融业的年平均增速只相当于各行业的平均值。

对这几个城市 6 年来的行业人工成本水平变动情况进行综合分析，可以从中看到几个明显的特征，这在全国也应当具有普遍性。一是行业间的人工成本水平差距有所缩小；二是低工资行业的人工成本水平增长速度都比较快，而且是各行业中增长最快的，虽然这有利于缩小行业差距，但也有企业成本压力加大的隐忧；三是人工成本水平最高行业与最低行业基本稳定，变动不大；四是经济发展程度不同地区的同行业人工成本水平呈现较明显的梯度分布。所有这些变化特征都与我国行业工资水平及变动状况基本相同。

三 人工成本对企业竞争力影响分析

企业竞争力通常是指企业在市场竞争中占领市场和获取利润的能力。更全面地讲，企业竞争力是企业参与市场竞争的综合素质的集中体现。企业竞争力可以从利润率上集中反映出来，利润率越高，企业利用人力资源和物力资源参与市场竞争的能力就越强，就越容易形成在成本、价格和技术等方面的竞争优势。

企业工资较快增长主要从两个方面影响企业的生存发展状况：一是职工工资收入的较快增长可以积极促进国内消费需求，从而不同程度地提高国内居民对各行业企业的产品和劳务需求，促进企业生产经营的改善和经济效益的提高；二是通过增加企业人工成本相应提高企业整体运营成本，从而在部分企业生产率增长难以抵销人工成本增长时降低企业的盈利水平。

（一）劳动报酬增长的产出拉动效应

上海申银万国证券研究所于 2010 年曾公布一项《劳动力成本上涨将改变企业利润格局》的研究成果。该研究认为劳动报酬的上涨可以通过两条路径带动各行业产出增长：一条路径是劳动力成本上升相应增加消费者可用于消费的收入，由消费增量带动相关产业的产出增长；另一条路径是劳动成本上升会相应增加储蓄，由投资增量带动相关产业的产出增长。研究者测算了劳动者报酬在上涨 20% 的情况下，其对我国细分行业产出可以产生的拉动效应（见表 8 - 10）。

表 8 - 10　劳动者报酬上涨 20% 情况下对细分行业产出的影响

单位：%

上中下游划分	细分行业	对行业生产的影响
一	农、林、牧、渔业	20.47
中游	化学工业	19.49
下游	食品制造及烟草加工业	19.39
中游	电力、热力的生产和供应业	9.49
下游	批发和零售业	8.48
下游	交通运输及仓储业	8.06
一	教育	7.87
中游	金属冶炼及压延加工业	7.77
一	金融业	6.89
下游	通信设备、计算机及其他电子设备制造业	6.69
下游	住宿和餐饮业	6.47
中游	石油加工、炼焦及核燃料加工业	5.96
下游	房地产业	5.90

续表

上中下游划分	细分行业	对行业生产的影响
下游	交通运输设备制造业	5.52
下游	纺织服装、鞋、帽、皮革、羽绒及其制品业	5.37
中游	造纸印刷及文教体育用品制造业	4.74
下游	纺织业	4.50
下游	电气机械及器材制造业	4.46
下游	通用、专用设备制造业	4.43
上游	石油和天然气开采业	4.34
中游	金属制品业	2.53
上游	煤炭开采和洗选业	2.47
中游、下游	木材加工及家具制造业	1.95
中游	非金属矿物制品业	1.91
下游	工艺品及其他制造业	1.43
上游	金属矿采选业	1.38
下游	仪器仪表及文化办公用机械制造业	1.36
下游	建筑业	1.24
下游	废品废料	0.96
上游	非金属矿及其他矿采选业	0.58
中游	水的生产和供应业	0.47
中游	燃气生产和供应业	4.40

资料来源：申银万国《劳动力成本上涨将改变企业利润格局》，2010。

　　从表8-10可以看出，劳动者报酬上涨对产出拉动效应最大的行业是农、林、牧、渔业，拉动较大的行业还包括批发和零售业、住宿和餐饮业这类低工资行业，也有食品制造及烟草加工业、电力热力的生产和供应业、金融业等高工资行业。如果今后一段时期低收入职工劳动报酬的增长更快一些、增量更大一些，那么根据低收入群体目前的消费结构，劳动报酬的上涨可以在更大程度上扩大低收入群体对其参与生产的产品和劳务相互之间的需求，从而也能在更大程度上拉动低工资行业企业的产出规模，同时有益于稳定这些企业职工的就业岗位。

（二）人工成本上升对企业利润的影响

人工成本是企业总成本当中的一个重要组成部分。人工成本发生变化，必然影响到企业的总成本并进而影响到企业的利润水平。特别是那些劳动密集型企业，人工成本在其总成本中的结构比例都比较大，因此人工成本变动对企业总成本和利润的影响也会更大一些，企业所能感受的和所承受的人工成本压力也会更大一些。当然，除人工成本之外，企业总成本中还包括其他各种成本费用项目，这些成本费用的变动也会在一定程度上影响企业的盈利水平。我们可以假定在其他因素相对不变的情况下，专门探讨人工成本一定程度的变化对企业利润可能带来的影响。这里暂以上海市制造业企业的人工成本数据为样本，使用人事费用率和人工成本利润率这两个指标观察人工成本相对水平上升后对企业利润所能产生的负面影响（见表8-11）。

表 8-11　2014 年上海市制造业人事费用率和人工成本利润率
变动情况

行　业	人事费用率变动幅度	人工成本利润率变动幅度
食品制造业	0.3368	-3.7532
酒、饮料和精制茶制造业	-0.0640	-0.0280
纺织业	1.9969	-3.0266
纺织服装、服饰业	2.6128	-0.7100
皮革、毛皮、羽毛及其制品和制鞋业	0.2624	2.1484
木材加工及木竹藤棕草制品业	-1.4135	26.6821
家具制造业	-0.6629	5.2867
造纸和纸制品业	0.4488	-0.6970
印刷和记录媒介复制业	-0.9550	4.8367
文教、工美、体育和娱乐用品制造业	1.5920	-8.2371
石油加工、炼焦和核燃料加工业	-0.0803	8.3986

行 业	人事费用率 变动幅度	人工成本利润率 变动幅度
化学原料和化学制品制造业	- 0. 2958	5. 0319
医药制造业	- 2. 1691	26. 3477
化学纤维制造业	- 0. 1788	4. 2394
橡胶和塑料制品业	0. 3501	- 4. 8783
黑色金属冶炼和压延加工业	- 0. 2879	4. 0535
有色金属冶炼和压延加工业	- 0. 3125	1. 7813
金属制品业	- 0. 6165	2. 9064
通用设备制造业	- 0. 3170	3. 5966
专用设备制造业	- 0. 4893	8. 4641
汽车制造业	- 0. 5837	- 6. 0721
铁路、船舶、航空航天和其他运输设备制造业	- 4. 7605	53. 8710
电气机械和器材制造业	- 2. 5049	28. 9082
计算机、通信和其他电子设备制造业	5. 1311	- 10. 8271
仪器仪表制造业	- 0. 8352	2. 3309
其他制造业	0. 3348	- 7. 0476
金属制品、机械和设备修理业	0. 4562	- 2. 8077

资料来源：根据上海市 2013 年和 2014 年人工成本调查统计数据整理。

人事费用率可以反映人均人工成本水平与按销售额计算的劳动生产率之间的比值关系。从人事费用率的上升或下降中，可以间接反映出人工成本指数的变动状况。从表 8 - 11 可以发现，2014 年上海市制造业中有 17 个行业的人事费用率下降，10 个行业的人事费用率上升，当年降幅最大的是铁路、船舶、航空航天和其他运输设备制造业，升幅最大的是计算机、通信和其他电子设备制造业。同期，制造业中有 16 个行业的人工成本利润率上升，11 个行业下降，当年上升幅度最大的是铁路、船舶、航空航天和其他运输设备制造业，下降幅度最大的是计算机、通信和其他电子设备制造业。因此，人事费用率和人工成本利润率明显呈现反向变化关系，人事费用率降幅最大的行业正好是人工成本利润率升幅最大的行业，人事费用率升幅最大的行业正好也是人工成本利润率降幅最大的行业。通过相关分析发现，两者的相关系数为 -0.81，呈现较显著的负相关关系。这说明，只要人工成本指数、劳动分配率、人事费用率上升，就会在一定程度上对企业利润形成负面影响，但具体影响到什么程度，还要看企业在提高效益水平和控制其他成本费用方面如何去做。

（三）人工成本上升对资金、技术密集型企业及垄断企业的影响

根据 2008 年全国经济普查和相关行业统计数据，我国资金、技术、知识密集型行业一般工资利润率较高，特别是部分垄断行业的工资利润率水平很高，如石油天然气开采业、烟草制品业的工资利润率分别高达 787.35%、417.39%，2009 年商业银行和证券公司的人工成本利润率也大都在 200% ~ 800%。在其他因素相对不变的情况下，石油天然气开采业和烟草制品业的人工成本每上升 1%，利润水平将分别下降 0.15% 和 0.29%，人工成本增长对利润水平的冲击程度极其微弱。因此，这类行业在利润比较丰厚的情况下，即使企业工资保持快速增长，其对企业生存发展的影响也不大。另外，由于这类行业企业在资源、技术、市场和政策等方面具有一定的垄断优势，虽然工资及人工成本水平增长较快，但其增长幅度远低于其劳动生产率的提升幅度。

（四）人工成本上升对劳动密集型企业的影响

纺织业、服装鞋帽制造业是制造业中的劳动密集型行业。由于

劳动密集型企业的工资利润率一般较低，工资占总成本的比重又相对较高，同样的工资和人工成本上涨幅度必然对企业的利润水平产生较大影响。2008 年，我国纺织业、服装鞋帽制造业的工资利润率是 69.04% 和 46.74%。在其他因素相对不变的情况下，其人工成本每上升 1%，利润水平将分别下降 1.74% 和 2.57%，影响程度比较大。

建筑业现在也是劳动密集型行业，不仅其职工工资水平较低，其工资利润率和资金利润率也很低。2008 年，建筑业的工资利润率只有 1.57%，总资产利润率只有 4.26%。在其他因素相对不变的情况下，人工成本每上升 1%，利润水平将下降 76.66%。在工资及人工成本较快上升的情况下，行业内部部分利润率水平较低的企业很可能出现亏损局面。

（五）人工成本上升对出口加工中小企业的影响

据中国纺织工业协会的数据，2007 年行业内 8.9% 的企业实力较强，平均利润率高达 31.71%，但超过 2/3 企业的平均利润率仅有 0.61%。微利和亏损的纺织企业大都是小型出口加工企业，很多企业主要从事来样加工和贴牌生产，只能赚取极其微薄的加工费。据商务部调查，我国纺织品出口企业平均利润率仅有 3%～5%，出口模式以代工为主，自有品牌只占 10% 左右。一些小型出口企业为跨国公司充当加工组装车间，靠跨国公司的知名品牌和销售渠道维持生存，出口产品单一，附加值低，产品创新和产业升级的动力和能力均不足。加上中小企业的产品可替代性强，面对激烈的行业内部竞争，缺乏产品定价的话语权，以致利润被一再压低，部分出口型小企业甚至面临生存危机。

目前，我国中小企业出口额占全部商品出口额的 60% 以上。对于上述利润如此微薄的中小纺织、服装出口企业，依靠自身财力所能承受的人工成本上升压力比较小，在其他因素相对不变情况下，若人工成本按社会同等程度上升，则会有大量企业逐步陷入亏损境地，失去继续生存的空间。

（六）人工成本上升对企业长期竞争力的积极作用

从短期看，工资增长会降低企业盈利水平，导致部分企业经营困难，甚至使一些企业陷入生存危机，但如果抬高视点、扩大视野，观察分析工资增长对企业发展的长远影响，就会发现工资增长对提高企业综合素质和长期竞争力确实有很多积极作用。一是有利于逐步淘汰部分生产效率低下、资源消耗过大的落后企业，促进利用资源的重新整合，优化行业内的企业结构；二是有利于促进企业技术引进、技术改造和技术创新，加快掌握并积累各自领域的核心技术，不断提高产品和服务的技术含量；三是有利于促进企业注重品牌、质量和产品设计，理顺产业链相互间关系，主动掌握定价权，从而提高产品和服务的附加值；四是有利于实现体面劳动，调动企业普通员工的劳动积极性，为改善员工生活、提高技能素质提供更多的物质条件，从而促进劳动效率的提高；五是有利于企业关注并担负应有的社会责任，在内部营造和谐劳动关系，在外部树立良好的社会形象；六是有利于促进各行业企业对各自产品和劳务的相互需求，为各类企业开拓更为宽广的市场空间，促进企业可持续发展。

四　制造业人工成本国际比较

一个国家行业企业人工成本的绝对水平可以表明该国劳动者的工薪收入水平，而以劳动分配率集中表现出来的人工成本的相对水平在很大程度上可以表明企业的竞争能力和国家的经济发展能力。

在国家之间或同行业企业之间进行比较，劳动者的工薪收入水平总是越高越好，人工成本的相对水平则是偏低一些更有利于取得竞争优势。劳动者的工薪收入水平高、增长快，就能够很好地满足人民不断增长的物质和文化生活需要，激发劳动者的积极性和创造性，提升人力资源素质；人工成本相对水平较低，则可以凭借工资率与劳动生产率相比较而产生相对效率优势，确保等量要素投入得到更高的回报，从而更多地吸纳国内外经济资源，确保国民经济和企业效益平稳较快增长。

制造业是国际上最有代表性的产业，也是人们习惯于进行人工成本国际比较的产业。通过将我国制造业人工成本与国外同行业比较，可以对我国人工成本水平的相对状况及企业成本方面的竞争优势形成总体印象，从中发现问题，促使我们在新形势下做出正确抉择。

（一）制造业劳动分配率的国际比较

从表8-12可见，2012年我国制造业的劳动分配率已经达到23.4%。这个水平还是要比表中所列出的发达国家低一些，比美国（1995年）低了8.4个百分点，比日本（2012年）低了11.8个百分点，比欧洲的那些发达国家低得更多。但是，我们也可以看到，我国制造业的劳动分配率高于印度（2004年）和菲律宾（2005年），低于马来西亚（2005年），这说明我国人工成本相对水平已经处于亚洲发展中国家的变动区间范围之内。我们还可以看到，我国制造业的劳动分配率现在略低于新加坡（2006年），但比韩国（2001年）还略高一点。因此，从制造业总体上看，我国人工成本相对水平已经与亚洲各国大体相当，已不具备人工成本水平相对偏低的明显优势。

表 8 - 12　部分国家制造业的劳动分配率水平

单位：%

国　别	年　度	劳动分配率
中国	2012	23.4
印度	2004	19.8
菲律宾	2005	23.2
马来西亚	2005	31.9
日本	2012	35.2
美国	1995	31.8
英国	2000	52.5
意大利	2000	39.6
加拿大	2001	36.3
挪威	2001	54.4
瑞典	1994	43.1
比利时	1999	44.5
澳大利亚	1993	40.9
韩国	2001	22.3
新加坡	2006	28.2

注：本表中各国的劳动分配率均根据制造业工资和增加值计算。

资料来源：根据国家统计局数据、《中国国际统计年鉴》和国际组织相关数据整理。

（二）制造业内部行业劳动分配率的国际比较

从表 8 - 13 可知，我国制造业劳动分配率不仅在总体上比欧洲国家低，而且在制造业内部细分行业上也比这些国家都要低很多。欧洲发达国家的劳动分配率在国际上确实很高，不仅高于我国，甚至也一直高于美国、日本等发达国家。笔者认为，这与它们经济社会发展中的几个典型特征有关。一是其经济社会发展中的城市化和福利化程度较高；二是其工资收入在较大程度上由行业层面的集体协商确定，工会力量非常强大；三是这些国家员工工资收入中需缴纳的税费比例较大，名义工资收入和实际可支配收入之间有很大差距。因此可以说，我国与这些欧洲国家在制造业劳动分配率方面没有多少可比性。如果认为我国制造业劳动分配率只要低于这些国家就是适度，或者认为我们应该向这些国家制造业的劳动分配率靠拢，那肯定是错误的、不明智的抉择。实际上，目前与我国制造业及内部细分行业劳动分配率更具比较意义的还是美国、日本、韩国这类发达国家，以及同处于亚太地区的发展中国家。随着我国制造业内部各行业劳动分配率的逐步上升，现在的情况已不容我们如原来那么乐观。从表 8－13 可以发现，我国劳动密集型行业（如纺织、服装、木材加工、家具制造等行业）的人工成本相对水平优势并不如我们想象的那么明显，特别是与韩国相比，我国很多行业企业如果不采用更有效率的生产经营方式，那么也就不再具有任何人工成本相对较低的优势。

表 8－13　我国制造业部分行业劳动分配率的国际比较

单位：%

行业类别	中国	美国	日本	韩国	英国	德国	法国
	2005 年	1999 年	2001 年	2001 年	2000 年	2000 年	1999 年
纺织	33.1	40.7	27.8	31.2	63.6	62.4	56.2
服装	48.7	34.5	31.0	35.3	55.2	61.5	60.1
木材加工	27.5	41.3	17.4	29.8	51.7	64.0	49.4
家具制造	40.2	41.7	28.0	29.7	58.2	65.0	55.4
造纸	22.8	30.5	26.6	21.4	52.0	63.2	49.0
化工	22.0	20.0	22.2	16.2	51.1	52.0	36.9
钢铁	17.0	37.1	29.0	15.4	69.2	57.4	54.7
有色金属	17.9	33.4	34.4	19.6	49.7	55.6	49.0
机械制造	31.0	34.5	35.5	25.8	61.8	66.2	54.2
电气机械	25.7	28.1	42.7	19.8	49.1	62.4	52.4
交通运输设备制造	27.6	32.1	36.9	23.4	61.9	72.0	42.8

资料来源：根据国家统计局数据和国际经济统计资料整理。

五　保持我国人工成本适度水平的战略抉择

从逐步提高职工劳动报酬水平看,我国人工成本水平随着经济和社会发展水平逐步上升是好事,有其必然性和必要性。人工成本的另一面是职工的劳动报酬,促进劳动报酬水平逐步提高,一是我国经济和社会发展的最终目的所在,使劳动者能够更好地分享经济和社会发展的成果;二是可以提高劳动者及其家庭成员的物质、文化生活水平和质量,并有利于提高劳动者的综合素质;三是可以扩大国内消费需求,增强内需对我国经济平稳较快增长的推动作用。

但是,我国在推动人工成本水平上升的同时还应当适度保持相对人工成本水平较低的优势。目前,我国经济总量已排名世界第二,已跻身于中等收入国家行列,但我国还是一个发展中国家,与经济发达国家相比,生产率水平仍然较低,国内人均资源占有量也较低,国内经济和社会发展水平还很不均衡,在今后发展过程中对国际资源和国际市场的依赖程度仍然较大。所以,我们还需要继续凭借相对人工成本水平较低和相对生产率水平较高的竞争优势,充分利用国际国内两个市场和两种资源促进经济和社会发展,拓展持续发展的空间,赢得赶超经济发达国家的时间。因此,在今后较长一段时期,我国在人工成本相对水平方面的竞争优势还要适度保持下去,部分行业相对过低的劳动分配率水平可以适当调高,但竞争优势还不能轻言放弃。

调整和优化经济结构,转变经济增长方式和企业生产经营方式,是我国今后经济发展中的重大任务。逐步发展新兴产业,改进或淘汰落后产业,减少经济发展和企业生产经营过程中的能源及物质消耗,最大限度地提高经济增长和企业生产经营过程中的附加值,逐步提升技术水平和人力资源的综合素质。这些事情只凭调控人工成本水平是做不到的。目前我国制造业及其内部许多行业的附加值率还比较低，投入同样的资源或物力成本所能创造出来新的财富价值相对较少。但是，只有这些新创造出来的有质量的财富价值才是真正可用于收入分配的价值，才能真正有效地提高我们的生活水平和生活质量。因此，努力转变经济发展方式，加大各领域创新发展力度，提高产品和服务的附加值与质量非常重要，其既有利于更好地促进劳动报酬水平的增长，也有利于企业更好地适应和缓解人工成本水平逐步上升的压力。

根据各国的发展经验及教训，我们可以发现一个国家、一个企业最可靠、最持久的竞争力在于其所拥有的人力资源所具备的综合素质。一旦拥有了高素质的人力资源，就可以获得产生和持续保持竞争优势的核心技术，就可以利用各种资源源源不断地创造出有特色、高品质的产品和服务。因此，只依靠相对人工成本水平较低的竞争优势并不能解决所有问题，也难以长久持续下去，我国今后应配套实施人力资源素质和人工成本双重竞争策略，在继续保持相对人工成本水平竞争优势的同时，坚持人才优先，不断加大人力资本投资，加快培育各类创新型人才，努力构建创新型企业和创新型国家，在国民经济增长、企业生存发展和提高劳动报酬等方面形成良性运行机制。

参考文献

[1] 鲍金红、胡璇:《我国现阶段的市场失灵及其与政府干预的关系研究》,《学术界》2013 年第 7 期。

[2] 程承坪、张旭、刘莉:《工资增长对中国制造业国际竞争力的影响研究——基于中国 1980～2008 年数据的实证分析》,《中国软科学》2012 年第 4 期。

[3] 程晓霞、柴何处:《国家宏观调控的内涵与手段分析》,《经济与法》2013 年第 8 期。

[4] 狄煌:《工资收入你我他》,经济科学出版社,1998 年。

[5] 高尚全:《市场经济条件下政府与市场的关系》,《中国经贸导刊》2011 年第 16 期。

[6] 郭玉荣、李剑:《在市场经济条件下充分发挥国家对工资运行的有效调控》,《天津社会科学》1998 年第 6 期。

[7] 国际劳工组织:《工资和公平增长》,国际劳工局,2012 年。

[8] 国际劳工组织:《危机时期的工资政策》,国际劳工局,2010 年。

[9] 国际劳工组织:《最低工资与集体谈判——工资确定机制政策一致性》,国际劳工局,2008 年。

[10] 胡景北:《工资增长的发展经济学导论》,上海财经大学出版社,1997 年。

[11] 劳动部工资司编《不同经济类型国家的工资管理》,劳动人事出

版社，1988 年。

[12] 李光东：《从市场失灵和政府失灵理论谈经济法存在的必要性》，《知识经济》2012 年第 8 期。

[13] 李连友：《经济主体收入分配格局与政府调控》，河北大学出版社，2010 年。

[14] 李唯一：《中国工资制度》，中国劳动出版社，1994 年。

[15] 李扬：《论我国初次分配中的政府行为》，《经济理论与实践》2007 年第 12 期。

[16] 刘杰三、练岑主编《中国工资体制改革和工资工作研究》，中国劳动出版社，1994 年。

[17] 刘利：《我国政府在初次分配中的行为效用考量》，《技术经济与管理研究》2011 年第 8 期。

[18] 刘学民主编《中国薪酬发展报告（2010 年）》，中国劳动社会保障出版社，2010 年。

[19] 刘学民主编《中国薪酬发展报告（2011 年）》，中国劳动社会保障出版社，2012 年。

[20] 刘学民主编《中国薪酬发展报告（2012 年）》，中国劳动社会保障出版社，2013 年。

[21] 刘学民主编《中国薪酬发展报告（2013—2014 年）》，中国劳动社会保障出版社，2014 年。

[22] 罗新宇：《国有企业分类与分类监管》，上海交通大学出版社，2014 年。

[23] 强《制企业涨工资属于不当行政》，《新京报》2010 年 6 月 1 日，第 1 版。

[24] 邱小平主编《工资收入分配》，中国劳动社会保障出版社，2004 年。

[25] 全国工商联编《2011 年中国中小企业调研报告》，中华工商联

合出版社，2011 年。

[26] 日本经济产业研究所：《日本工资政策选择》，2014 年。

[27] 宋晓梧：《政府对初次分配大有可为》，《求是》2011 年第 2 期。

[28] 苏海南等：《合理调整工资收入分配关系》，中国劳动社会保障出版社，2013 年。

[29] 田原：《基于广义数学期望算法模型的中国企业工资水平宏观调控评价研究》，《产业经济评论》2014 年第 6 期。

[30] 魏文彪：《强行增工资不如降低国民经济支出》，中国网，http://www. china. com. cn/review/txt/2008 - 01/17/content_ 9543895. htm，2008 年 1 月 17 日。

[31] 肖京、朱洵：《我国当前工资立法的困境与出路》，《中国劳动关系学院学报》2012 年第 1 期。

[32] 徐长玉：《基于市场缺陷的中国劳动力市场调控研究》，《理论学刊》2010 年第 11 期。

[33] 杨黎明：《工资调控——政府有所为有所不为》，《中国劳动保障通讯》2004 年第 6 期。

[34] 尹蔚民：《民生为本　人才优先》，人民出版社、中国劳动社会保障出版社，2012 年。

[35] 张车伟、赵文：《中国工资水平变化与增长问题——工资应该上涨吗?》，《中国经济问题》2015 年第 3 期。

[36] 张晏榕：《政府在调控收入分配中作用的机制创新研究》，《福建论坛》2006 年第 5 期。

[37] 周宝妹：《企业工资分配的国家干预》，《中国劳动关系学院学报》2013 年第 1 期。

[38] 祝晏君：《市场经济条件下的企业工资管理》，人民邮电出版社，1995 年。